Guam Travel with a child

子連れ
グアム
GUAM

Why Guam?

——私が子連れ旅にグアムを選んだ理由——

私が初めて、子連れで海外旅行に行きたいなぁと思ったのは、育児にほんの少しだけ慣れてきた、子供が1歳になったころ。子供が2歳になれば飛行機代がかかるようになるから、タダで行ける今のうちにどこか行ってみようかと思いついたのがきっかけです。

行き先としてまず候補に挙げたのは大好きなハワイ。でも、小さな子を連れて長時間のフライトに耐えられる自信がなく却下。沖縄も考えたけれど、時期によっては意外と高いし、レンタカー必須…。そこで出てきたのがグアムです。正直、グアムって"ハワイの寂れた感じ"というイメージだったので、出産前までは見向きもしていなかった場所でした(笑)。でも、調べてみると、そこまで高くないし、時差はほとんどないし、飛行機で3時間半。これなら子供が1歳でもチャレンジできるかも！ そう思い、実際に行ってみたら、子連れでも親子とも想像以上に楽しめて、海がとってもきれいで、毎日育児漬けだった私もすっかりリフレッシュできたんです！ それからはすっかりグアムに夢中になり、子供が7歳になったこれまでに計12回も行ってしまったほど！ 今では息子も大のグアム好きで、しょっちゅう「グアムに行きた～い」と呟いています。こんな素敵なグアムの魅力をもっとみんなに共有したい。そして、子連れで旅行したいけど子育てに追われながら旅行の計画を立てるのは大変だし、不安ばっかりだし…というママたちの役に立ちたい！ そう思って、完全ママ目線でこの本をつくりました。

もし以前の私のように、グアムはちょっと…と思っているママも(笑)、子連れ旅のスタートはぜひグアムからおすすめします。子供が少し大きくなった今、息子とふたりでもサクッと海外旅をしたり、少し足を延ばして遠くモルディブ旅にチャレンジしたりできるようになったのも、最初に「子連れグアム旅」があったからこそですから。

Contents

Why Guam?　　　　　　　　　　　　　　　　　　　　　004
About Guam　　　　　　　　　　　　　　　　　　　　008
子連れグアム旅12の魅力　　　　　　　　　　　　　　　010

Chapter | 1
子連れ旅成功の9割は
ホテル選びと飛行機の時間帯にかかっています！　　014

[ホテル 編]

point 1	オーシャンビューでもホテルによって景色は違う！	018
point 2	3歳以上の幼児には、ウォーターパーク付き2大ホテルがおすすめ！	020
point 3	シュノーケリングしたいなら、「ヒルトン」か「ニッコー」に泊まるのがベスト！	022
point 4	ビュッフェレストランで子供の食事代が何歳からかかるか、が決め手になります！	024
point 5	自分が行きたい買い物スポットまでアクセスのいいホテルをチェック	026
point 6	キッズルームがあるホテルや、子供にやさしいつくりのホテルはやっぱり安心！	027

MY FAVORITE Hotel

ヒルトン グアム リゾート＆スパ　　　　　　　　　　　028
デュシタニ グアム リゾート　　　　　　　　　　　　　030
ホテル・ニッコー・グアム　　　　　　　　　　　　　　032
シェラトン・ラグーナ・グアム・リゾート　　　　　　　034
子連れにうれしいホテルのサービスLIST　　　　　　　036

[飛行機 編]

"飛行機の出発時間"と"パーソナルモニター"が2大マストポイントです　　040

[COLUMN]　ツアーと個人手配どっちがお得？　　　042

Chapter | 2
子供の荷物は「備えあれば憂いなし」！　　　　　　　044

子供の持ち物LIST　洋服編、プール＆ビーチ編　　　　046
シーン別「こんな場所では、こんな服を着るといいよ！」4days　子供編　　050
ママの持ち物LIST　洋服編、プール＆ビーチ編　　　　052
シーン別「こんな場所では、こんな服を着るといいよ！」4days　ママ編　　056
ビーチリゾートで役立つのは、「カラフルワンピ」と「ショーパン」と「ビーチドレス」　058
クリスマスや年越しのディナーは、家族でドレスコードを意識したリンクコーデに　060
女の子コーデをママスタイリストに聞いてみました♡　　061
持っていくと助かる便利グッズ　　　　　　　　　　　　062

Chapter | 3
子供も自分も楽しめる、イチ推しアクティビティ ... 066

- 年齢別! 私はこれまでこう過ごしました ... 068
- 私の周りの素敵なママの子連れグアム旅をリサーチ ... 070
- 子連れグアム おすすめの過ごし方　プール＆ビーチ編 ... 072
- 子連れグアム おすすめの過ごし方　タウン編 ... 078

COLUMN ママの育児ご褒美SPA4選 ... 083　子連れに役立つ英語フレーズ ... 085

- 子供と行けるグアムの#フォトジェニックスポット ... 086
- プロカメラマン直伝! フォトジェニックな子供の写真の撮り方講座 ... 088

Chapter | 4
体にやさしい! 長時間待たなくていい! 子供が喜ぶ! 子連れグアムのご飯の選び方 ... 090

- 乳児にも安心して食べさせられる便利フードLIST ... 092
- 2大フードコートで食べるならコレ! ... 094
- グアムでも子供が喜ぶ鉄板フードは欠かせません! ... 096
- 子連れでも行っておきたい話題のレストラン ... 098
- 3大"肉"名店のメイン＆キッズメニュー ... 100
- 実はグアムにもたくさんある"美"FOOD♥ ... 101
- 見た目もかわいい絶品スイーツ12 ... 102
- 「サンデーブランチ」と「キッズイートフリー」がいい! ... 104

COLUMN 子連れご飯の豆知識 ... 105

Chapter | 5
宝探し気分で楽しめるグアムでのショッピング ... 106

- グアムの7大ショッピングスポットMAP ... 108
- 各ショッピングスポットで知っておくと得する私的ルール ... 110

COLUMN 「ロス・ドレス・フォー・レス」活用術 ... 113

- 子供のおもちゃを買いたいときは、ここに行っています! ... 114
- おしゃれサブバッグSelection ... 115
- 「ペイレス スーパーマーケット」がとにかく使えるんです! ... 116

子連れ旅の不安を完全に払拭する4つのTips

① スーツケースの中は、子供の荷物でパンパン…でもそれでいいんです! ... 118
② 出発から到着まで、事前にシミュレーションしておくことで、出発後の「あっ、失敗した!」を減らせます ... 119
③ 12回の子連れグアムで知ったこと便利帖 ... 120
④ グアムの公共バスを乗りこなすには行き先とバスの種類をチェック ... 122

おわりに ... 123　　グアムMAP ... 124　　INDEX ... 126

グアムってこんなところ！
About Guam

「子連れでもストレスなくサクッと行ける」

✓日本から直行便で
片道約3.5時間

東京から沖縄までは3時間弱と思うと、海外なのにあまり変わらない近さ。3時間半の飛行時間なら、パパと交代で面倒を見れば、子供が小さくてもどうにか乗りきれそうですよね。それに、朝便で行けば、同日の夕方に着くので、到着して早々にプールにも入れちゃいます。

✓成田、関西をはじめ、日本4都市から
計1日9便運航

ユナイテッド航空では、成田（毎日3便）・名古屋（毎日1便）・関西（毎日1便）・福岡（毎日1便）の4都市から運航。日本航空は、2018年3月より成田＝グアム便が1日2便に増便中。ティーウェイ航空では、関西空港から直行便が1日1便運航中。身近で行きやすい海外ですよね！

✓日本との時差はたった1時間

時差1時間だから、子連れでも、ほぼ日本にいるのと同じように過ごせます。日本が昼12時ならグアムは13時だから、お昼寝やご飯の時間が乱れてしまう心配がないんです。時差ボケがないって、本当にラクチン！

✓グアム空港から、
中心地「タモン」まで
タクシーでたった15分

飛行場を出てから15分後にはホテルに着いてチェックインが叶います。ツアーなら、乗り合いバスの待ち時間がありますが、以前、現地でツアー係に相談し、バスを諦め、自腹でタクシーに乗りホテルへ向かわせてもらったことも。

✓平均気温約26℃
常夏だからいつ行っても楽しめる！

ビーチリゾートでも、行く時期によっては寒くて泳げない場所がありますが、グアムは年中いつでも泳げます。その分、日差し対策はマスト。帽子、サングラス、日焼け止め、ラッシュガードはいつも持参しています。

✓日本語はほぼ
通じると思ってOK

グアムのホテルやお店では日本語の表示があったり、日本人や日本語が話せるスタッフが常駐していることも多いんです。もし日本語が通じなくても、片言の英語をがんばって聞き取ろうという姿勢で対応してくれるから助かります。

✓もしものときも安心！
日本人のお医者さんや
24時間緊急サポートもあり

子供がグアムで病気やケガをしたとき、日本語で診察してもらえる「グアム旅行者クリニック」(P85参照)があります。ほかにも、病気やケガに加えて、盗難などがあった際に24時間体勢でサポートしてくれるマイクロネシア・アシスタンス・インク(MAI ☎ 649-8147)があるので安心。

✓観光客の移動手段は、
トロリーバスと
タクシーがメイン

グアムの主要スポットにはほぼトロリーバスで行くことができます。タクシーは、時間を短縮したいときに便利。流しのタクシーはいないので、レストランやホテルのエントランスにいるスタッフに呼んでもらって。

>>> グアムの年間カレンダー

だいたい11〜5月が乾季、6〜10月が雨季。これまでの経験では、雨季でも毎日雨というわけではなく、スコールの回数が増えるイメージ。もちろん、乾季にもスコールはときどき。でも、雨季は台風がくることがあるのが注意が必要。私も台風直撃で失敗した経験が…。

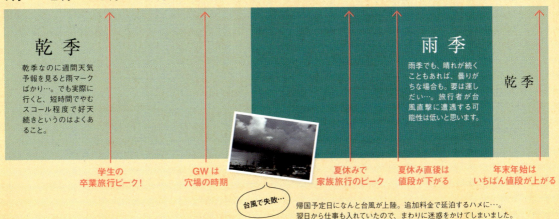

乾季
乾季なのに週間天気予報を見ると雨マークばかり…。でも実際に行くと、短時間でやむスコール程度で好天続きというのはよくあること。

雨季
雨季でも、晴れが続くこともあれば、曇りがちな場合も。要は運しだい…。旅行者が台風直撃に遭遇する可能性は低いと思います。

乾季

- 3月 学生の卒業旅行ピーク！
- 5月 GWは穴場の時期
- 8月 夏休みで家族旅行のピーク
- 9月 夏休み直後は値段が下がる
- 11月 年末年始はいちばん値段が上がる

台風で失敗…
帰国予定日になんと台風が上陸。追加料金で延泊するハメに…。翌日から仕事も入れていたので、まわりに迷惑をかけてしまいました。

>>> 年間天候表

雨の多い、少ないはあっても、年中暖かいから、子供の大好きなプール・ビーチ遊びをいつでも満喫できます。日本の寒い時期に行くのも、ビーチリゾートならではの醍醐味を実感できて好き。

	1月	2月	3月	4月	5月	6月	7月	8月	9月	10月	11月	12月
平均気温	27.1	27.0	27.4	28.1	28.4	28.5	28.1	27.9	27.9	28.0	28.0	27.6
平均降水量	98.2	89.5	62.0	72.9	111.7	158.3	282.5	395.7	345.3	293.8	209.1	144.4
日本人旅行者数（2017年）	57000人	54000人	71000人	50000人	47000人	49000人	52000人	68000人	44000人	34000人	44000人	49000人

※平均気温、平均降水量は国土交通省気象庁ホームページ調べ（2016年平年値）、日本人旅行者数はグアム政府観光局調べ（2017年）です。

>>> グアム年間行事

- **1月** ニューイヤーズイブ花火大会（1月1日）
- **2月**
- **3月**
- **4月** ユナイテッド・グアムマラソン（第2日曜日）
- **5月** グアム・ミクロネシア・アイランド・フェア（初旬の週末）
- **6月**
- **7月** プレジャーアイランド グアム BBQ ブロックパーティ（第1土曜日）
- **8月**
- **9月**
- **10月**
- **11月**
- **12月** グアムココキッズ ファン ラン、グアム ココハーフ マラソン

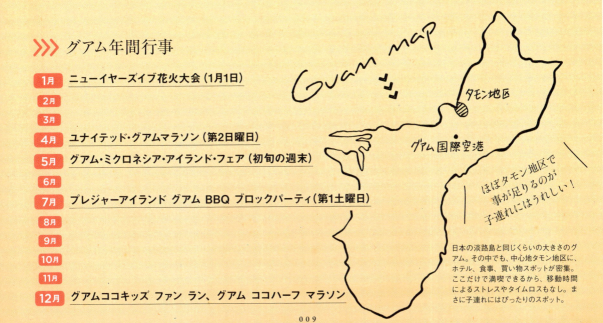

Guam map
タモン地区
グアム国際空港

ほぼタモン地区で事が足りるのが子連れにはうれしい！

日本の淡路島と同じくらいの大きさのグアム。その中でも、中心地タモン地区に、ホテル、食事、買い物スポットが密集。ここだけで満喫できるから、移動時間によるストレスやタイムロスもなし。まさに子連れにはぴったりのスポット。

3泊4日、サクッとグアムで体感できる

子連れグアム旅 12 の魅力

Hey! I will go to GUAM.

私が初めて子連れでグアムへ行き、すっかり夢中になってしまったのは、こんな魅力があったから。子供にやさしく、大人も満足できる12のキーワードを紹介します。

❋1 時差はたった1時間！親子ともにストレスなく滞在を満喫できる

せっかく旅行するんだから、子供も自分もハッピーに過ごしたい！そんな気持ちを叶えてくれるのは、時差がほとんどない、そして日本からの移動時間も短いグアムだからこそ。あまりにラクチンで、長期間の休みが取れなくても行けるから、しょっちゅうサクッとグアムへ。ふだんフルタイムで働いていて子供とベッタリする時間がなかなか取れない分、めいっぱい子供孝行するというのが、私の子連れ旅の密かな目的になっています。

❋2 ホテルの目の前のビーチで、乳幼児でも色とりどりの熱帯魚に会える

子供を産む前は、旅行の目的と言えば、ショッピングや話題のレストランへ行くこと。ハワイへ行っても、海を満喫するよりは、あちらこちらとびまわっていました。そんな私にビーチの楽しみ方を教えてくれたのがグアムです。だって、ホテル前のビーチの、足が着く浅いところにもお魚がウヨウヨ。何時間シュノーケリングしても飽きなくて、今では息子に呆れられるくらいです(笑)。

3 子連れで外食に行けなくても、目の前はきれいな海！コンビニご飯でも満足できる

子供が1歳で初めてグアムに行ったとき、やっぱり毎回レストランで食事をするのはこっちが落ち着かなくて。コンビニで買ったり、レストランでお持ち帰りしたり、ホテルのルームサービスを頼んだりして、ホテルの部屋で食事を取ることがよくありました。でも、ホテルの部屋は、いわば目の前に海が広がる特等席。だれにも余計な気をつかわず、楽しくおいしく食べられたのは言うまでもありません。

4 ホテルのプールが充実しているから、遠出しなくても十分楽しめる

グアムから帰ったら毎回子供に「グアムの何がいちばん楽しかった？」と聞くのですが、答えは決まって「プール！」。子供って、目の前にきれいな海があっても、やっぱりプールが大好きですよね。グアムのホテルはプールが結構充実しているから、子供の楽しそうな笑顔を見るだけで、ママとしては幸せな気分になれます。

5 想像以上に青く透明な海に感動！

訪れるまでは、グアムの海がこんなにきれいなこと、まったく知りませんでした。水が澄んでいて、美しいブルーのグラデーション…毎回グアムへ行くと、スマホの写真アルバムが海の写真でいっぱいになります。ちなみに、何十年も前にグアムに行ったことがある方に「グアムの海ってナマコだらけでしょ？」とよく言われますが、今ではそんなことはありません（笑）。

*6 子供が喜ぶおもちゃ屋さんや施設が充実しているから飽きずに滞在できる

グアムに行くときは、子供がお気に入りのおもちゃを必ず持っていくようにしているのですが、帰国するときには、すっかり現地で買った新しいおもちゃに夢中に。そう、グアムには子供を魅了するおもちゃがたくさん売っています。子供向け施設も多いです。

*7 0歳から参加できるオプショナルツアーがあるから親子ずっと一緒にいられる

幼い子供を連れて旅行すると、やりたいことがあまりできないのでは…という心配もグアムならいりません。もちろん幼児にならないと参加できないものもありますが、赤ちゃんと楽しめるオプショナルツアーもたくさん。イルカウォッチングもおすすめです。

*8 運がよければシュノーケリングでウミガメに出会える

ウミガメにいつか会ってみたい…そんな私の夢は、グアムで、しかも子連れで叶いました。ダイビングしなくても、遠出しなくても、グアムなら会える可能性が。気軽にチャレンジできるのは、TBHGが催行する、タモン湾でのカヤックウミガメシュノーケリングツアー。我が家は子供が4歳のときに初参戦。子供がもう少し大きくなれば、少し離れた海でのオプショナルツアーもありますよ。(P77参照)

*9 州税がかからないから、ママのショッピング欲も満足

やっぱり大きな都市と比べると、買い物する場所も種類も限られてはしまうけれど、州税がないことがグアムのメリット。子連れだと買い物時間がふんだんにはありませんが、隙間時間をつくって、毎回どっさり買い込んでしまいます(笑)。ちなみに、グアムの「Tギャラリア」(P109参照)では、日本に入荷していない掘り出し物が見つかったり、日本より安く買えたりと、ブランドアイテムを買うのにもぴったりです。

*10 グアムはこぢんまりしていてコンパクトだから どこに行くにもラクチン

グアム島は、日本で言うと、東京23区よりも小さく、淡路島と同じくらいの面積しかありません。車で1周しても約2時間。子連れでのんびりするなら、グアムの中心地「タモン」だけで十分楽しめるから、移動で無駄に疲れてしまう心配がありません。もちろんレンタカーなしで堪能できます！

*11 フォトジェニックなアイテムやスポットがたくさんある♡

意外かもしれませんが(笑)、グアムって本当にどこを撮っても絵になるんです。毎回、1000枚以上は写真を撮って帰ってくるほど。海の青、ヤシの木の陰、キラキラと輝くプール。それに、最近どんどん増えている"インスタ映え"するおしゃれスポット…。撮りどころがたくさんあるので、子供との思い出を素敵な写真にして残せます。

*12 心が洗われるほど美しいサンセットや虹に合える！

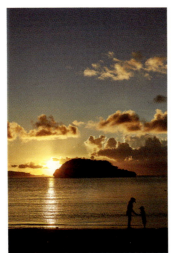

私が毎回グアムで楽しみにしていることのひとつが「サンセット」を見ること。海に囲まれていて、遮るものがないグアムでは、とってもきれいなサンセットが見られるんです。雨上がりには、大きな虹がかかることもよくあります。二重に虹がかかるダブルレインボーが見られることも！子育てって大変なこともありますが、こんな美しい景色を見たら、明日からまたがんばろうって思えるんです。

> 自分たちに合うものを！

子連れ旅成功の9割は
ホテル選びと飛行機の時間帯にかかっています！

「ホテル・ニッコー・グアム」からのオーシャンビュー

"ホテルと飛行機がうまく選べたら、
子連れ旅は半分成功したも同然！"

グアムのホテルはどこがいちばんいいんだろう…。悩みますよね。せっかく行くんだから、滞在してから失敗した…と後悔するのもいやですよね。だから、私も初めて行く前には、育児と仕事で毎日バタバタな中、眠い目をこすりながら、旅行ガイドブックに、口コミにといろいろ調べたものです。そして、実際にグアムによく行くようになったらなったで、これまで泊まったホテルがよかったなと感じていても、「もっと子連れにいいホテルがあるかも…」という新たな気持ちも湧いてくるように。だったら、気になるホテルは全部泊まっちゃおうと思い、たくさんのホテルに泊まってみました。すると、子連れで絶対に譲れないホテルの条件は、「オーシャンビュー」であるということに気づきました。

それと同時に、子連れにベストなホテルはひとつではないともわかりました。子供とグアムへ行っているという話をすると、「どこのホテルがいい？」とよく聞かれます。ですが、子供の年齢や、グアムでどう過ごしたいか、それによって自分にとってのよいホテルは変わってくるのだと思います。

飛行機選びの場合は、時間帯のチョイスとパーソナルモニターがあることを重要視しています。12回の子連れグアム旅の経験から学んだことが、ホテルと飛行機選びのお役に立てればうれしいです。

chapter 1 Hotel & Airplane

Go to Guam!

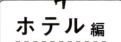

ホテル編

まずは ホテルの中で、どれだけ

子連れでグアムに行きたいと思ったら、まず決めなければい
私がグアムのホテル選びで大事にしているのは、この6つの

point 1

オーシャンビューの部屋を選べば、ホテルで過ごす時間が長くなっても、自分がイライラしないでいられる！

海の見えないホテルの方が安いのですが、子供との旅行は、ホテルベースになることが往々にしてあります。部屋からの眺めがよいとそれだけでハッピーな気分に。だから私は、オーシャンビューの部屋にしか泊まりません！

▶ P.18 へ

point 2

ウォーターパーク付きホテルなら、あちこち出かけなくても満足できる

子供はとにかくプールが大好き。まだ抱っこして入らないといけない小さいうちは、どんなプールでも問題ありませんが、だんだん活発になってくると充実したプール施設があるホテルは便利。2大ウォーターパークを徹底検証します。

▶ P.20 へ

point 3

シュノーケリングを無駄なく堪能したければ、魚がいっぱいのビーチの目の前にあるホテルを選ぶ

グアムの海は、シュノーケリングを楽しむのにうってつけ。子供に魚を見せてあげたいならもちろん、ママやパパが子連れでもシュノーケリングを楽しみたい、という場合にもうれしい、2大ホテルを紹介します。

▶ P.22 へ

子供と自分が楽しめるかで選びます！

けないのがホテルですよね。オーシャンビューであることを筆頭に、視点です。子供の年齢と自分に合ったホテル選び、始めましょう！

point 4
ホテルの決断に迷ったら、子供の食事代が**何歳まで無料か**を基準にするのも手

いくつかのホテルに絞られてきても、最後の決め手に欠ける…というとき。ホテルビュッフェの子供料金を参考にするのもおすすめ。ホテルによって、2歳から有料だったり、6歳まで無料だったりと、大きな違いがあるんです。

▶ P.24 へ

point 5
子連れでも自分の買い物時間を捻出するなら、行きたいお店への**アクセスのよさ**を基準に

子供と一緒に旅行をするのは楽しい、でも子供のペースに合わせるのが基本だから、大人だけの旅行のように思い通りにならないことも…。だから、せめてここだけは！というお店を絞り、隙間時間でも行ける工夫をすることが大事です。

▶ P.26 へ

point 6
子連れに適した部屋や**サービス**があるホテルなら、安心できるし、余計なストレスが軽減

ホテル内にキッズルームがあると、ちょっとした時間でも遊べるのが便利ですよね。雨が降っている時間帯にも助かります。また、グアムはキッズフレンドリーなホテルが多いので、赤ちゃん向け専用ルームを用意している場合も。

▶ P.27 へ

point 1 オーシャンビューでもホテルによ

A オンワード ビーチリゾート

アガニア湾と無人島のアルパット島を一望

アガニア湾に沿うホテル。タワー棟、ウイング棟どちらからでも、人形劇「ひょっこりひょうたん島」のモチーフになったとも言われるアルパット島と、混みあっていない穏やかな海を臨めます。

B シェラトン・ラグーナ・グアム・リゾート

年間を通して夕日がいちばんきれいに見られる

ここは日中の青い海も、水平線に太陽が沈む紅色の海も、どちらも見られるのが魅力。崖の上に建てられているので、目の前は砂浜のビーチではないけれど、その分、広大な海が見渡せます。ぜひこの美しさを堪能してほしいです。

C ヒルトン グアム リゾート&スパ

3つの棟それぞれから異なる景色が楽しめる

写真上は波音が聞こえるくらい海と近いタシタワーから、左中は海を見下ろすプレミアタワーから、左下はタモン湾を見渡せるメインタワーからのオーシャンビュー。私はどのタワーに泊まるか、見たい景色で選んだこともあります。

オーシャンビュー ホテルMAP

- B シェラトン・ラグーナ・グアム・リゾート
- C ヒルトン グアム リゾート&スパ
- D パシフィック アイランド クラブ グアム
- A オンワード ビーチリゾート

グアム プレミア アウトレット

Kマート

G デュシタニ グアム リゾート

高層階のオーシャンフロントルームからの景色は圧巻

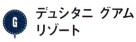

ZOOM UP!

マウンテンビューやパーシャルオーシャンビューの部屋もありますが、ここで泊まるべきは、オーシャンフロント。グアムでも格別な高さを誇る30階建てのホテルの大きな窓から眺めるブルーグラデーションにうっとりします。

H アウトリガー・グアム・ビーチ・リゾート

オーシャンフロント、オーシャンビュー、どちらも魅力的

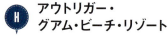

オーシャンビュー(写真左)でも十分だなと思っていましたが、オーシャンフロント(写真上)に泊まったら、その迫力に圧倒されました。見下ろすとタモン湾のビーチに並ぶカラフルなパラソルやボートも見えます。

I グアム リーフ&オリーブ スパ リゾート

タワーによって、タモン湾の右側か左側のオーシャンビューに

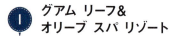

インフィニティタワーから見えるのは、ヒルトン側のタモン湾(写真上)。ビーチタワーから見えるのは、恋人岬側のタモン湾(写真左)。サンセットも見たいなら、インフィニティタワーを選ぶといいですよ。

って景色は違う!

子連れ旅のホテルの部屋は、マウンテンビューは絶対に選ばず、オーシャンビューにしか泊まらないと決めている私。ここでは、より好みのビューを探せるよう、各ホテルのオーシャンビューカテゴリの部屋からの景色を一気に比較!

D パシフィック アイランド クラブ グアム

珊瑚礁いっぱいの イパオビーチを見渡せる

写真上は、オセアナタワーB棟より撮影。ホテルロビーからは遠いけれど、海には近いんです。こちらはヒルトン側なので、イパオビーチが見えますね。左中はオセアナタワーA棟より。左下はプール越しに海を眺めるロイヤルタワーより。

E フィエスタリゾート グアム

近い距離でオーシャンビューを 堪能できる

ホテルと海の近さは、グアム随一。ホテルもタモン湾のビーチに並行するように建っているので、目の前に海を臨むことができます。ビーチ沿いに立ったヤシの木が、その美しさを際立たせてくれます。

F ハイアット リージェンシー グアム

プールとヤシの木、そして海。 リゾート感満載

全室オーシャンビューのこのホテル。海の前に並ぶヤシの木が、リゾート感をより高めてくれて、写真映えします。よりきれいなオーシャンビューを求める方には、高層階をおすすめします!

- E フィエスタ リゾート グアム
- F ハイアット リージェンシー グアム
- H アウトリガー・グアム・ビーチ・リゾート
- K ホテル・ニッコー・グアム
- J ウェスティン リゾート・グアム
- G デュシタニ グアム リゾート
- I グアム リーフ & オリーブ スパ リゾート
- ★ マイクロネシアモール
- ☆ Tギャラリア グアム by DFS

J ウェスティンリゾート・グアム

恋人岬側、タモン湾側、 ふたつのオーシャンビュー

タモン湾のビーチに対して垂直に建っているので、海に近い部屋はオーシャンフロントからの絶景が堪能できます。シースルーエレベーターに乗ったときに見えるオーシャンビューもすごいので、ぜひチェックしてみて。

K ホテル・ニッコー・グアム

全客室オーシャンフロント という恵まれた立地!

海に対して、羽を広げた形のように建っているので、棟の右側、真ん中、左側でそれぞれ異なる景色が堪能できる。写真上は棟の北の恋人岬とガンビーチが見える側。写真左は棟の南のタモン湾が見える側。

Column

ちなみに…海が見える部屋と 言ってもいろいろありまして…

[オーシャンフロント]

海が目の前にドーンと広がるのがオーシャンフロント。正面はもちろん、右も左もきれいな海が見える、最上級の景色が魅力。

[オーシャンビュー]

オーシャンビューは海側の部屋で、海が見えるという意味。ベランダに近寄れば海が見える、という場合もあるのが注意点。

[パーシャルオーシャンビュー]

パーシャル=一部分という意味なので、海がちらりと見えるくらいのこと。街を挟んで遠くに海が見える場合でもオーシャンビューという言葉を使うことも。

※掲載の写真はオーシャンビューカテゴリの部屋を選ばれた場合の一例です。部屋により、オーシャンビューの景色は異なります。

point 2 動きざかりの 3歳以上の幼児には、

プールや海で遊び尽くす滞在は、せっかく暖かいところへ行く恩恵を最大限に受けられるし、なにより子供が

通称PIC

パシフィック アイランド クラブ グアム

たくさんのアクティビティで、どんな子供も飽きさせない！

クラブメイツが一緒に遊んでくれる！

「PICグアム」は水遊びも陸遊びもどちらも叶うのが最大の魅力。我が家は2歳、6歳と泊まりましたが、年齢が上がるほど楽しみも広がります。

1. シッキースプラッシュプール
2. 泳げる水族館
3. キッズプレイグラウンド
4. キッズウォーターズー
5. シッキープレイハウス
6. ゲーム用プール
7. メインプール
8. ウォータースライダー
9. アーチェリー
10. カヤック
11. トランポリン
12. キッズクラブ

①赤ちゃんも楽しめる水深30cmのプール。水がいっぱいになると、バケツがひっくり返り、水がバシャーンとかかる仕組みに子供たちは大喜び。②熱帯魚が泳ぐ専用プール「泳げる水族館」でのシュノーケリングは、身長が120cmになったら。クラブメイツが案内してくれるので安心できます。すぐ定員がいっぱいになるため、朝イチで予約に行くのが◎。③水遊びする人がほとんどのため空いており、小さな子供ものんびりと遊ばせられます。④水深80cmの浅めのプールに、動物のフロートや滑り台などが浮かぶ子供向けプール。人気なので争奪戦ですが、赤ちゃん連れなら、ここに浮かんだ巨大な浮き輪でのんびり日光浴という過ごし方も。⑤雨でも楽しめる室内の遊び場も完備。⑥⑦綱引きや水上渡りなど、たくさんのゲームができるプールも。初めて会った子供同士でも盛り上がって遊んでいます。⑧約40mと90mのスライダーが2本。スライダー用マットを使えば、かなりのスピードが出ます。長めのスライダーなので、ある程度大きくなってからの方が楽しめるかも。身長120cmからOK。⑩ホテルの敷地内にあるラグーンでも、目の前の海でも。PIC前のビーチにはライフガードがいてくれるのが安心。⑪体重14kg〜トライできる巨大トランポリン。写真は息子が2歳のとき。⑫4〜12歳の子供が「親の同伴なし」で参加するキッズクラブ。新たに、1〜3歳の一時預かり「リトルキッズクラブ」もスタート。

ウォーターパーク付き2大ホテルがおすすめ！

大喜び。子供が楽しんでいると、親もハッピー。よく「どっちがいいの？」と聞かれる2大ウォーターパークの特徴を紹介。

オンワード ビーチリゾート

目の前の無人島「アルパット島」までカヌーで。ちょっぴり探検気分が味わえる！

グアムでここだけにしかないものがたくさんある「オンワード」。
とにかく海を、プールを堪能したいというアウトドア派にぴったり！

一緒に遊ぼう！
Yeah!!

Let's Play!

1 カヌーで目の前の「アルパット島」まで探検に！

①宿泊者は無料でカヌーが借りられるので(混みあっていたら予約して出直す必要があることも)、ホテル前のビーチから「アルパット島」を目ざして。途中でカヌーから海へ降り、シュノーケリングを楽しむこともできます。上陸したら、島の周囲をグルリと周れ、まさに探検に出た気分が味わえる。岩場があり足元はよくないので、マリンシューズは必須、そして赤ちゃんは抱っこで歩く方が安心です。

＼ほかにも！／

2 流れるプール

3 無料子供向けゲーム「クラブマンタ」

4 ウェーブプール

5 屋根付きプール

6 オーシャンZIP

7 大きくなったらスライダーやマンタ

②「流れるプール」には大きな浮き輪がたくさんプールに流れているので、自由に使ってOK。子供は何時間でも飽きずに入っています。③プールで毎日行われるのが「クラブマンタ」のイベント。保護者同伴はマストですが、4歳以上ならだれでも気軽に無料で楽しめるので、タイミングが合えばぜひ参加してみて。④波が出てくる「ウェーブプール」はグアム唯一。波が出る時間、波が止まっている時間、ボード専用の時間帯が決まっているので、プール前の掲示板をチェックして。ボードは有料でレンタルすれば、子供でもサーファー気分を味わえます。⑤日焼けしたくないママもうれしいグアム唯一の屋根付きコーナー。遊具などがないシンプルな15mのプール、その横には温かいジャクジー、その手前には水深30cmの乳幼児プールがあります。寒くなったらすぐあったまれるのが便利でした。⑥身長122cm、体重約31kgを超えたら、プールの上のレーンを滑り下りる「オーシャンZIP」にチャレンジしてみては。オンワードの中では新しいアトラクションです。⑦4種類のスライダーがあるので、勇気があればいろいろチャレンジしてみて。3人で乗れるスライダーも。マンタは日本未上陸のほぼ垂直に落ちる絶叫系スライダー。どれも身長が122cm以上（3人乗りスライダーは保護者同伴なら身長80cm〜）あればできるけれど、7歳の息子はまだ一度も試したことがありません(笑)。

point 3 気軽にシュノーケリングしたいなら、

シュノーケリングが旅の目的のひとつなら、驚くほどたくさんの魚に出会える2大シュノーケリングスポット

ヒルトン グアム リゾート&スパ

目の前の「イパオビーチ」ってこんなところ

☑ 南国らしいブルーの魚がたくさん！
☑ 波が穏やかだから、子供と一緒にシュノーケリングができる
☑ 引き潮のときは遠浅に。沖の方まで行けることも

イパオビーチのライフガード

このへんがシュノーケリングスポット！

タモンビーチの南端、「ヒルトン」の目の前の海が「イパオビーチ」。シュノーケリングスポットは、少し沖へ行ったところの珊瑚が密集している辺り。カラフルな魚がたっくさん！　ビーチの手前の方にはあまり魚がいないので、沖へ行くためには潮位の確認も大事。満潮のときは、珊瑚にたどり着くまでに足が届かない水深になってしまうことがあるので注意です。かといって干潮では浅すぎて、自分が浮いていても珊瑚に触れてしまう心配が…。ちょうどその中間ぐらいがおすすめ。ちなみに、休日は「イパオビーチパーク」でバーベキューをしているローカルが訪れることもある、アットホームな雰囲気のビーチです。

宿泊者以外の行き方は…

バス停「イパオパーク／GVB前」で下車。イパオビーチパーク内を通り抜ければ到着。このバス停は、タモンシャトルなら南回りでしか止まらないので、反対方向の「オンワード」や「シェラトン」から行く場合や、「Tギャラリア グアム by DFS」方面のホテルに戻る場合は、「ヒルトン グアム リゾート&スパ」か「パシフィックアイランドクラブ向かい」のバス停まで行く必要がある。

Check! 日中はライフセーバーが常駐しているので安心。イパオビーチパークのシャワーとお手洗いが使える。

※バス停の停車所名は、赤いシャトルバス（P122参照）に準じています。

「ヒルトン」か「ニッコー」に泊まるのがベスト！

の目の前のホテルが◎。ほかのホテルに泊まって、バスで行く方法もありますが、移動も着替えも断然ラクチンですから。

ホテル・ニッコー・グアム

目の前の「ガンビーチ」ってこんなところ

- ☑ 海の透明度は抜群！
- ☑ ダイナミックな海中の景色は見もの！でも沖合の波には注意
- ☑ ウミガメやエイの生息地なので、運がよければ会えるかも？！

このへんがシュノーケリングスポット！

Yeah!!

上の写真で印をつけたシュノーケリングスポット以外でも魚は見られるけれど、ライフガードがいない分、なるべくホテルの目の前の方が人目につきやすくおすすめ。白い波が立っているところから奥は外洋なので、絶対に行かないで。「イパオビーチ」と比べると、外洋との距離が近い分、透明度は高いけれど、時期によっては波があるので、子連れの場合はビーチ手前で遊ぶのが◎。私は、子供をパパに見てもらっている間にシュノーケリングを堪能してきましたよ。ライフジャケットとマリンシューズは必携です。

宿泊者以外の行き方は…

バス停「ホテル・ニッコー・グアム」または「ザ・ビーチバー＆カルチャーパーク」で下車し、そこから徒歩すぐ。

 Check! レストラン「ザ・ビーチ」の営業時間中は、無料のシャワールームやお手洗いが使える。
ライフガードはいないので注意。貴重品は持っていかず、シュノーケリング中も自分で十分気をつける必要がある。

point 4 ＼ホテル選びに迷ったら／

ビュッフェレストランで子供の食事代が

ツアーだと朝食代が含まれていることはあるけれど、子供が小さいとやはり昼も夜もホテルで食べる機会

 A オンワード ビーチリゾート

レストラン「ル・プルミエ」
4歳まで無料

㊗ 大人 $20　5〜11歳 $10
㊋ 大人 $20〜24　5〜11歳 $10〜11

 B シェラトン・ラグーナ・ グアム・リゾート

レストラン「ラ・カスカッタ」
5歳まで無料

㊗ 大人 $25　6〜11歳 $12.50
㊍ 大人 $25　6〜11歳 $12.50
㊊ 大人 $35〜58　6〜11歳 $19〜29

 C ヒルトン グアム リゾート&スパ

レストラン「アイランダーテラス」
4歳まで無料

㊗ 大人 $25　5〜11歳 $13.50
㊍ 大人 $23　5〜11歳 $14
㊊ 大人 $30〜40　5〜11歳 $15〜20

Yummy!

ホテルのビュッフェは、たくさん並んでいるものの中から、子供の好きなものを必要な分だけ取れるのがうれしいですよね。写真左は「ハイアット」の「カフェキッチン」。写真上は、「ニッコー」の「マゼラン」で食べられる子供向けメニューの一例。

 G デュシタニ グアム リゾート

レストラン「アクア」
5歳まで無料

㊗ 大人 $31　6〜11歳 $15.50
㊍ 大人 $36　6〜11歳 $18
㊊ 大人 $44　6〜11歳 $22

 H アウトリガー・グアム・ ビーチ・リゾート

レストラン「パームカフェ」
5歳まで無料

㊗ 大人 $27　6〜12歳 $18
㊍ 大人 $26　6〜12歳 $17
㊊ 大人 $37〜39　6〜12歳 $23〜24

 I グアム リーフ&オリーブ スパ リゾート

レストラン「メイン」　**3歳まで無料**

㊗ 大人 $20　4〜11歳 $12
㊍ 大人 $19　4〜11歳 $12
㊊ 大人 $35〜45　4〜11歳 $15

※大人料金は時間帯により変わる
※7月より改装予定

何歳からかかるか、が決め手になります！

は増えるもの。子供の食事代が無料なら、現地滞在費が抑えられるから、そういう視点で選んでみるのも手。

D パシフィック アイランド クラブ グアム

レストラン「スカイライト」 **1歳まで無料**

- 朝 大人 $26　2〜11歳 $13
- 昼 大人 $27　2〜11歳 $14
- 夜 大人 $42　2〜11歳 $22

E フィエスタリゾート グアム

レストラン「ワールドカフェ」 **4歳まで無料**

- 朝 大人 $22　5〜11歳 $11
- 昼 大人 $22.95　5〜11歳 $13.50
- 夜 大人 $30.95　5〜11歳 $14.50

F ハイアット リージェンシー グアム

レストラン「カフェキッチン」 **5歳まで無料**

- 朝 大人 $29　6〜12歳 $14.50
- 昼 大人 $32　6〜12歳 $16

レストラン「虹」 **5歳まで無料**

- 昼 大人 $32　6〜12歳 $16
- 夜 大人 $40　6〜12歳 $20

写真左は「ニッコー」の「マゼラン」で子供が朝食を食べるならこんな感じ。白いご飯やお味噌汁など、和食も用意してくれているのは日系ホテルならではの配慮。写真上は「ヒルトン」の「アイランダーテラス」。デザートコーナーも大満足。

[地図：A オンワード ビーチリゾート／B シェラトン・ラグーナ・グアム・リゾート／C ヒルトン グアム リゾート&スパ／D パシフィック アイランド クラブ グアム／E フィエスタ リゾート グアム／F ハイアット リージェンシー グアム／G デュシタニ グアム リゾート／H アウトリガー・グアム・ビーチ・リゾート／I グアム リーフ&オリーブ スパ リゾート／J ウェスティン リゾート・グアム／K ホテル・ニッコー・グアム／グアム プレミア アウトレット／Kマート／Tギャラリア グアム by DFS／マイクロネシアモール]

J ウェスティンリゾート・グアム

レストラン「テイスト」 **5歳まで無料**

- 朝 大人 $27.50　6〜11歳 $13.75
- 昼 大人 $33〜45　6〜11歳 $16.50〜22.50
- 夜 大人 $40〜52　6〜11歳 $20〜26

レストラン「プレゴ」 **5歳まで無料**

- 昼 大人 $20〜43　6〜11歳 $10〜21.50

K ホテル・ニッコー・グアム

レストラン「マゼラン」 **3歳まで無料**

- 朝 大人 $20　4〜11歳 $13
- 昼 大人 $23　4〜11歳 $9
- 夜 大人 $35〜38　4〜11歳 $15

※12歳以上は大人と同じ金額になります。$00〜00と表記してある場合は、曜日や時間帯によって金額が変わります。料金には別途サービスチャージが加算されます。
掲載の内容は予告なく変更になる場合がありますのでご了承ください。

point 5 自分が行きたい買い物スポットまでアクセスのいいホテルをチェック

Where are you going?

子連れ旅行は、子供が生まれる前の旅行と違い、計画通りに物事が進まないことの連続。だから、どうしても買い物したい場所があれば、そこへ行きやすいホテルに泊まるとスムーズです。

▶買い物スポットの詳しい情報はP108へ

免税店（ Tギャラリア グアム by DFS ）に歩いて行きたいなら…

1	アウトリガー・グアム・ビーチ・リゾート	徒歩約 1 分
2	デュシタニグアム リゾート	徒歩約 2 分
3	ハイアット リージェンシー グアム	徒歩約 4 分
	グアム リーフ&オリーブ スパ リゾート	徒歩約 4 分
4	ウェスティンリゾート・グアム	徒歩約 5 分

グアムでハイブランドのアイテムを買うなら絶対にココ。場所は、グアムの中心地のいちばん栄えているところにあります。夜11時まで営業しているので、子供を寝かしつけた後、子供をパパに任せ、ひとりで買い物に行ったことも。夜道をひとりで歩く必要があるので、それをしたいなら、ほぼ道を向かいに渡るだけでたどり着ける「アウトリガー」か「デュシタニ」がいいかなと思います。

巨大アウトレット（ グアム プレミア アウトレット ）に行きたいなら…

1	オンワード ビーチリゾート	トロリーバスで約 10 分
2	シェラトン・ラグーナ・グアム・リゾート	トロリーバスで約 12 分
3	ヒルトン グアム リゾート&スパ	トロリーバスで約 20 分

2018年4月から赤いシャトルバスのルートが変わり、「オンワード」や「シェラトン」から乗り換えなしで「グアム プレミア アウトレット」へ行けるように。私はアウトレットが好きだから、あえて中心地じゃないこちらのホテルを選ぶことも。

総合ショッピングセンター（ マイクロネシアモール ）に行きたいなら…

1	ホテル・ニッコー・グアム	トロリーバスで約 10 分
2	アウトリガー・グアム・ビーチ・リゾート	トロリーバスで約 20 分
3	デュシタニ グアム リゾート	トロリーバスで約 20 分

「ニッコー」は行きも帰りもホテルロビー入口の目の前でバスが停まるので、大物を買ってもラクラク。「アウトリガー」と「デュシタニ」から「マイクロネシアモール」に行きたいなら、シャトルバスの乗り場は「Tギャラリア」からになります。

アメリカン雑貨が豊富なスーパー（ Kマート ）に行きたいなら…

1	グアム リーフ&オリーブ スパ リゾート	徒歩&トロリーバスで約 30 分
2	アウトリガー・グアム・ビーチ・リゾート	徒歩&トロリーバスで約 35 分
3	デュシタニ グアム リゾート	徒歩&トロリーバスで約 36 分

「Tギャラリア」から「Kマート」を往復するシャトルバスを活用。「リーフ」から行くなら、「JPスーパーストア前」のバス停から。「アウトリガー」や「デュシタニ」からなら「Tギャラリア」のバス停から乗って。私はまだトライしたことがありませんが、「PIC」から徒歩で行くという人も。なだらかな坂道&暑い気候なので、参考までに…。

 ちなみに

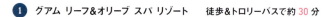

「グアム プレミア アウトレット」⇔「Kマート」⇔「マイクロネシアモール」を行き来する"赤いシャトルバス"の「ショッピングモールシャトル」や「Lea Leaトロリー」の「ショッピングセンターコース」の路線はショッピングに便利!

point 6

\ 雨の日でも遊べる /

キッズルームがあるホテルや、子供にやさしいつくりのホテルはやっぱり安心!

どこかに出かけなくても遊ぶ場所がある、赤ちゃん向けに工夫された部屋に泊まれる、兄弟が多くてもわざわざ2部屋借りなくてもいい──。そんな子連れ旅を少しでもラクにしてくれるホテルをまとめました。

☑ 室内キッズルームがあるホテル

① ヒルトン グアム リゾート&スパ

② デュシタニ グアム リゾート

③ オンワード ビーチリゾート

④ パシフィック アイランド クラブ グアム

⑤ ホテル・ニッコー・グアム

NEW OPEN
BABY LOUNGE
⑥ ホテル・ニッコー・グアム

保護者同伴で、無料で自由に使える遊び場がホテル内に。朝から夕方までなど、使用可能時間帯が決まっているところも多いのでホテルに着いたらチェックしてみてください。①ロビーからタシタワーに向かう途中にあるキッズルーム。小さな滑り台も用意。②カラフルな室内が楽しげな「キッズクラブ」と呼ばれる遊び場。2〜10歳が使える。③ウイング棟地下1Fには24時間使えるキッズエリア「ラムー」が。ボールプールのほか、卓球台やゲームも完備。同じフロアにあるコインランドリーでの待ち時間にここで遊ぶという使い方も。④「シッキープレイハウス」は壁や床にクッションを敷き詰めてあるのがうれしい。広さも十分!⑤テレビの設置があり、子供向けの映画や番組も楽しめる。⑥乳幼児だけでなく、ママもリラックスできるラウンジが2018年4月にオープン! おむつ替えコーナーや授乳スペース、ウォーターサーバーや電子レンジまで完備されているので、子連れでの滞在がより快適になるはず。なお、ここを使用できるのは旅行会社「JTB」のツアーを予約した人だけという特別感にも満足。

※遊具は予告なく変更となる場合あり

☑ ベビー専用ルームがある

詳しくはP28へ
① ヒルトン グアム リゾート&スパ

② パシフィック アイランド クラブ グアム

③ ハイアット リージェンシー グアム

詳しくはP33へ
④ ホテル・ニッコー・グアム

⑤ シェラトン・ラグーナ・グアム・リゾート

☑ 大人2人、子供2〜3人でも1部屋に泊まれる

① ホテル・ニッコー・グアム

② パシフィック アイランド クラブ グアム

③ グアム リーフ&オリーブ スパ リゾート

グアムのホテルは、基本的に11歳までが添い寝可能な年齢。①2018年4月から登場した「トリプルルーム」は大人3名、添い寝の子供3名までがひと部屋に。②「ファミリーデラックスルーム」は最大5名の定員。大人2名&添い寝の子供3名で泊まれる。③畳の部屋もある「ジャパニーズスイート」は、ベッド2台と布団2組の部屋。最大大人6名まで、添い寝の子供も含めると、最大8名まで泊まれるので、3世代旅行にもぴったり。

すべてホテル公式サイトから予約可能。①タシタワーのグランド階にある「イサルーム」。フタ付きのおむつ用ゴミ箱や子供用の食器など、子連れに助かるアイテムがたくさん。②ロイヤルタワー3〜4Fにある「シッキールーム」。室内は土足禁止、低いベッドがふたつ並んだハリウッドツイン。電子レンジやベビーカーも用意。③ベビーバスを借りられるのがすごい!④「ファマグウンルーム」にはおもちゃや補助便座、洗面台のステップが完備。電子レンジも。⑤「ネニルーム」はベビーカーの貸し出しや体温計まであるという配慮はさすが。

MY FAVORITE Hotel · 01

赤ちゃんも子供も楽しめる
マルチなホテル

ヒルトン グアム リゾート＆スパ

タモン湾の南端、シュノーケリングスポットとしても有名な「イパオビーチ」の目の前に建つのがヒルトン グアム リゾート＆スパ。グアムのほかのホテルと比べると、欧米の方の宿泊も多く、インターナショナルな雰囲気が味わえます。私は、ここのメイン・プレミア・タシと、どのタワーにも泊まりましたが、いちばん好きなのはタシタワー。海にとても近いので、窓を開けていると波の音が聞こえてきます。その心地よい音が、ビーチリゾートに来たんだなという幸福感を与えてくれるんです。そして、なによりの魅力は、タシタワー宿泊者限定のたくさんの特典！たとえば、専用コンシェルジュデスクで、日本人スタッフが滞在中の相談にのってくれること（時間帯により日本人不在の場合あり）。専用ラウンジでは、朝食やドリンク、カクテルアワーの無料サービスが。アウトレット、Kマートへの

JPスーパーストアへの無料バスの利用もできます。本当に至れり尽くせりの滞在が叶うんです。子供が少し大きくなった今は、眺めのよい上の階が好きですが、子供が小さかったらおすすめなのが、グランド階にある「イサルーム」。室内は土足禁止なので、ハイハイ時期の赤ちゃんでも安心。おもちゃ、電子レンジ、子供用便座などが備え付け。バルコニーから目の前の芝生ガーデンに出ていけるというのも、地上階ならではのメリット。スローなグアムタイムをめいっぱい堪能して、子供とのんびりしたいという方にぴったりのホテルです！

ヒルトン グアム リゾート＆スパ
Hilton Guam Resort＆Spa／バス停「グアムヒルトン」下車、目の前　日本語公式サイト：https://www.hilton-guam.com　日本語問い合わせ：ヒルトン リザベーションズ＆カスタマー・ケア ☎0120・489・852 ☎03・6679・7700　MAP：P124 C-1

タシタワー内、赤ちゃん向けの「イサルーム」がすごい！

1 通路の奥にある扉を抜ければタシタワー。ここから先は、タシタワー宿泊者しか入れないという特別感も！2 部屋に備え付けの目新しいおもちゃに、子供も興味津々?! 3.4 やわらかな光が差し込む心地よいラウンジ。この日の朝食には「肉じゃが」が。煮込んだ野菜を子供に食べさせられるのが海外ではうれしい。5 離乳食時期なら特に部屋に電子レンジがあるのは助かる。6 子供用の専用便座も完備。7 こんなふうに、部屋のベランダからガーデンに出られる。

写真のアクティビティプールのほか、いちばん広いメインプール、インフィニティプール、キッズプール、スライダー、温水ジャグジーと種類豊富なプールエリア。ウォーターパークのような仕掛けはないシンプルなプールだけれど、その分、子供たちがのびのびと自由に遊べるのがありがたい。

プールや海でアクティブに

① ホテルの目の前に広がる「イパオビーチ」。ブルーグラデーションが織り成す絶景にうっとり♡

② 水深30cmのキッズプール。隣にあるアクティビティプールの水が滝のように流れてくる仕組み。

③ 「イパオビーチ」はシュノーケリングのスポット。子供と一緒にぜひチャレンジしてみて。

④ 子供と一緒に入れるインフィニティプール。もちろん赤ちゃんもOK。タモン湾を一望できる。

とにかくおしゃれ！とにかく豪華！
非日常を味わえる

デュシタニ グアム リゾート

**洗練されたロビーや
プール。ママが夢中に♡**

写真上は、ホテルのロビー。広々とした明るい空間におしゃれな椅子が並んで。大きな窓から見えるタモンビーチの美しさにも感動。写真下は、ホテルのプール。いちばん人気は、タモン湾に向いたビーチチェア。朝早い時間から場所取りをする人もいるほど。

おしゃれさは、レストランや客室など随所に感じられて

右上・右下／ハイグレードなステーキやシーフードを、おしゃれな内装の店内でいただける「アルフレードズ ステーキハウス」。遠出せずともホテル内に話題のレストランがあるのは、なんともうれしい限り。

左／いつか泊まってみたいと憧れ続けているのが、グアムで唯一のプライベートプール付きのヴィラ。客室の広さはなんと173㎡～。公共のロビーを通らずとも、駐車場から直接アクセスができ、ヴィラのあるフロアでチェックインができるので、お忍びで芸能人が利用することもあるそう♡

こんなサービスにも大満足♪

4歳の息子と泊まったときにありがたかったのは、ビュッフェレストラン「アクア」で塗り絵とクレヨンをくれたこと。キッズフレンドリーな心づかいは、子連れ旅をラクにしてくれます。

＼レストランで／

おそらくグアムでここだけだと思うのですが、客室に置かれているお菓子と冷蔵庫内のドリンクが無料なんです！（1滞在につき1回。追加分からは有料）もし深夜便で到着して飲食物を買いに行くお店がないと困ったとき、子供が急に喉がかわいたと言い出したとき、本当に助かります。

＼客室で／

2015年秋にオープンした「デュシタニ グアム リゾート」。17年ぶりにグアムに新築ホテルができると知った私は、プレオープン中の2015年7月に初めて滞在しました。当時、すでに何度もグアムには訪れていたので、「デュシタニ グアム リゾート」に初めて足を踏み入れた瞬間、「こんな豪華なホテル、今までグアムになかった！」と驚いたのを覚えています。「デュシタニ」という名前が耳慣れない人も多いかもしれませんが、タイ王室御用達の格式高いホテルグループです。フロントへ進むと、スタッフが両手を合わせ、「サワッディカー」と、おもてなしの国、タイ流の挨拶をしてくれます。また、中心地に建っているので、どこに行くにもアクセスがよいですし、食事もおいしい。ですので、子連れでも海外のビーチリゾートならではの非日常感やゴージャス感を楽しみたいというときは、ここに泊まるのが定番です。ただ、最近息子が7歳になり、どんどん活発になってきたということもあり、プールが少し狭いなと感じるように。でも、やっぱりここに泊まるのは（ママ的に…）譲れないので、ゲスト会員としてウォーターパークに遊びに行く日をつくったりして、ママも子供も満足できるような工夫をしています。

デュシタニ グアム リゾート
Dusit thani Guam Resort／バス「アウトリガー／ザ・プラザ前」下車後、徒歩2分（連絡通路でアウトリガー・グアム・ビーチ・リゾートと直結）
日本語公式サイト：https://www.dusit.com/dusitthani/guamresort/ja/　日本語問い合わせ：
☎03・5645・8531　MAP：P125 E-2

·03·
MY FAVORITE
Hotel

日系ホテルならではの
細やかな配慮が助かる！

ホテル・ニッコー・グアム

**水平線に沈む
美しいサンセット**

ホテル前の「ガンビーチ」は、天気がよければ、どのシーズンに行っても美しいサンセットが見られる、お気に入りのスポット。タモン湾のいちばん北側に位置する「ニッコー」だから、ほぼ年中、水平線に沈む太陽を見られます。

客室から眺めても、シュノーケリングで潜っても、とにかくきれいなホテル前のビーチ。

\ 外遊びも楽しめる /

外には遊具やハンモックが。夏場にはエア遊具が出現することも。2018年は8／1〜8／31のあいだ、「キッズミニウォータースライダー付きふわふわハウス」が登場予定（宿泊者限定／無料）。

赤ちゃん連れも安心して泊まれる「ファマグウンルーム」も用意。ベッドガードやおもちゃ、食事用エプロンや食器、おしりふきまであるので大助かり。指がはさまりやすいドアの隙間にガードが施されているのは、グアムできっとここだけかも。日系ホテルならではのホスピタリティに感動。

\ 赤ちゃん連れの /
滞在も安心

このホテルに初めて泊まったのは、グアムに何度か通い、子供も歩けるようになり、今度はタモンの中心地ではなく、もう少し落ち着いたところに滞在をしたいと思ったときでした。私がグアムに魅了された理由は、子連れでもストレスなく楽しめる場所だったからというのがひとつ。加えて、子連れという視点を除いても、海の中があまりにきれいでシュノーケリングが楽しいこともありました。サンセットが素晴らしいこともありました。だから、ホテルの目の前にシュノーケリングが満喫できる「ガンビーチ」があり、年中美しいサンセットが臨めるというのは、まさにぴったりの場所だと思ったのです。泊まってみたら、想像以上の快適さに親子ともに納得。日系ホテルだから、ゲストリレーションに日本語がしゃべれるスタッフがいてくれるし、「マゼラン」での朝食ビュッフェでは白いご飯やお味噌汁も出てくるし、日本料理「弁慶」（P93参照）もあるし、子供用のプールに遊具、広い芝生！ 水遊びだけでなく、芝生で走り回ったり、息子とハンモックに揺られながらのんびりしたりと、ホテルベースでも充実した毎日を過ごせましたね。「ニッコー」は全室がオーシャンフロントなので、毎朝起きたらカーテンを開けるのも楽しみでなりませんでした。P14で大きく使っている写真も、「ニッコー」の部屋からの眺めなんですよ。ちなみに、これは"恋人岬側"の景色。棟の反対側は"タモン湾側"と呼ばれ、タモン湾に沿って並ぶホテルが一望できます。叶わないこともありますが、ホテルに「どちら側がいい」とリクエストを出しておくのもひとつのテクニックです。

ホテル・ニッコー・グアム
hotel nikko guam／バス停「ホテルニッコーグアム」下車後、目の前 日本語
公式サイト：https://www.nikkoguam.com／ 日本語
問い合わせ：オークラ ニッコー ホテルズ予約センター ☎0120／00／3741 ☎03／5717／7766 MAP：P125 E-1

海とプールが一体化!

浮き輪の使用はできませんが、子供と一緒に入ることができるインフィニティプール。

·04·
MY FAVORITE
Hotel

ジェットバス付きの客室で
赤ちゃんとのんびりリラックス

シェラトン・ラグーナ・グアム・リゾート

リゾート感
溢れる
開放的な建物

右/ホテルの内装はスタイリッシュ。広々とした吹き抜けも、リゾート地に来たんだなという気分を高めてくれます。 左/インフィニティプールは、極上のサンセットスポット。目の前に遮るものがないので、年中アガニア湾の水平線に沈む太陽をひとり占めできる。

客室のベランダには、自分たちだけのジェットバスが!赤ちゃん連れでも周りを気にせず水遊びができる。

HAPPY!

ここに泊まるなら、屋外ジェットバス付きのスイートルーム、と決めています。安い時期だと1泊1室$267〜泊まれるので、スイートルームの中ではかなり良心的ですよね。小さな子供を連れてのバタバタした旅のあいだでも、ジェットバスに浸かりながら、目の前に広がる海を眺める瞬間は至福の時間。毎日子育てに仕事にとがんばったご褒美だと思えます。子供が小さいうちなら、ホテルの広いプールに行かなくても、ここだけで十分満足できたのもよかった。濡れたままプールから部屋に戻る…という手間もかからないですし。ちなみに、ホテルはロマンティックでシックな雰囲気だから、赤ちゃん連れの新婚さんにもぴったりだと思っています。でも、大きくなったらなったで次なる楽しみが…。それは、だんだん子供に手がかからなくなった今なら、ジェットバスに籠り、ひたすらのんびりする時間が取れそうかなって（笑）。だから、次の子連れグアムは、このホテルに狙いを定めています。

\ 赤ちゃん連れにうれしいサービス /

右／専用ジェットバスは付いていませんが、小さな子連れにやさしい部屋「ネニルーム」もおすすめです。下／館内には室内キッズルームもあります。

シェラトン・ラグーナ・グアム・リゾート
Sheraton Laguna Guam Resort／バス停「シェラトンラグーナグアムリゾート」下車後、目の前　日本語公式サイト：https://www.sheraton-laguna-guam.com/　日本語問い合わせ：シェラトン・ラグーナ・グアム・リゾート東京事務所☎03・5413・5980　MAP : P124 A-2

ママ目線で気になるポイントを調べました！

子連れにうれしいホテルの

	ウォーターパーク付きの日系ホテル **オンワード ビーチリゾート** ONWARD BEACH RESORT 	リゾートライフを満喫 **シェラトン・ラグーナ・ グアム・リゾート** SHERATON LAGUNA GUAM RESORT 
プライスランク	★★★	★★★★
空港からの距離 ※タクシーで直行した場合	約10分	約10分
Tギャラリア グアム by DFS までの距離 ※どこも6km圏内で近いけれど、トロリーバスは時間がかかる	トロリーバスで約30分	トロリーバスで約30分、またはホテルのシャトルバスで約15分
ベビー／キッズプールの有無	○	○
スライダーの有無	○ ※幼児以上用のスライダーもあり	○
トロリーバスまでの距離	ホテルエントランスの目の前	ホテルエントランスの目の前
無料室内キッズルームの有無 ※詳しくはP27へ	○	○
ベビーベッド／ベッドガードの貸し出し ※要リクエスト。台数に限りあり	どちらも ○	どちらも ○
バスタブの有無	○	○
シャワーが固定／可動	可動	可動
客室の雰囲気 ※写真は一例です		
部屋の床の素材 ※写真は一例です	タイル（タワー棟）または じゅうたん（ウイング棟）	じゅうたん
日本人スタッフの有無 ※時間帯により不在の場合あり	○	○
子供向けプレゼントサービス	子供サイズのスリッパと歯ブラシ	子供用歯ブラシやボディソープ ※ネニルーム宿泊者のみ
その他、おすすめポイント	部屋の冷蔵庫が大きくて便利！	―

サービスLIST

既存のガイドブックではなかなかわからなかった、子連れ旅に役立つちょっとしたホテル情報をまとめてみました！

	赤ちゃんから大人まで満足	種類豊富なアクティビティが魅力	コスパのよさに納得
	ヒルトン グアム リゾート＆スパ HILTON GUAM RESORT AND SPA 	**パシフィック アイランド クラブ グアム** PACIFIC ISLANDS CLUB GUAM 	**フィエスタリゾート グアム** FIESTA RESORT GUAM 
	★★★★	★★★	★★
	約8分	約5分	約6分
	トロリーバスで約20分。 ※タシタワー宿泊者はホテルのシャトルバスあり	トロリーバスで約15分	トロリーバスで約12分
	○ ○	○	○ ※プールの一部が浅くなっている
			×
	ホテルエントランスのすぐ近く	ホテル前の道路沿い	ホテルから徒歩3分
			×
	どちらも ○	どちらも ○	どちらも ○
	○	○	○
	可動	可動	可動
	じゅうたん	クッションフロアまたはフローリング	じゅうたん
	○	○	○
	絵本 ※タシタワーのイサルーム宿泊者のみ	時計、ゴーグル、水筒など ※内容は時期により変わります	—
	屋外に遊具あり！	プールサイドに授乳室	ベビーシッターサービス（1歳〜11歳）がある ※24時間前までに要予約。

		広大な敷地の王道リゾートホテル	グアムでいちばん新しいホテル
		ハイアット リージェンシー グアム HYATT REGENCY GUAM 	**デュシタニ グアム リゾート** DUSIT THANI GUAM RESORT 
プライスランク		★★★★	★★★★★
空港からの距離	※タクシーで直行した場合	約8分	約10分
Tギャラリア グアム by DFS までの距離	※どこも6km圏内で近いけれど、トロリーバスは時間がかかる	徒歩約4分	徒歩約2分
ベビー／キッズプールの有無		○	×
スライダーの有無		○	○
トロリーバスまでの距離		ホテルから徒歩2分	ホテルから徒歩2分
無料室内キッズルームの有無	※詳しくはP27へ	×	○
ベビーベッド／ベッドガードの貸し出し	※要リクエスト。台数に限りあり	どちらも ○	どちらも ○
バスタブの有無		○	○
シャワーが固定／可動		可動	可動
客室の雰囲気	※写真は一例です		
部屋の床の素材	※写真は一例です	じゅうたんまたはクッションフロア	じゅうたん
日本人スタッフの有無	※時間帯により不在の場合あり	○	○
子供向けプレゼントサービス		子供向けのアメニティ "VIB(Very Important Baby)アメニティ"と言うと伝わります！	—
その他、おすすめポイント		赤ちゃん向けルームには、ベビーバスやベビー便座が！	—

タモンの中心地	**日本人スタッフ24時間常駐**	**海が目の前のプールが最高**	**アクティブものんびりも叶う日系**
アウトリガー・グアム・ビーチ・リゾート	グアム リーフ&オリーブ スパ リゾート	ウェスティンリゾート・グアム	ホテル・ニッコー・グアム
OUTRIGGER GUAM BEACH RESORT	GUAM REEF AND OLIVE SPA RESORT	THE WESTIN RESORT GUAM	HOTEL NIKKO GUAM
		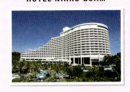	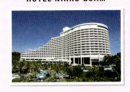
★★★★	★★★	★★★★	★★★★
約10分	約10分	約10分	約11分
徒歩約1分	徒歩約4分	徒歩約5分	トロリーバスで約6分 または徒歩約15分
○	×	×	○ 
○	×	×	○ ※7歳以上
ホテル前の道路沿い	ホテルから徒歩2分	ホテル前の道路沿い	ホテルロビー入口 目の前
×	×	2018年オープン予定	○
どちらも ○	どちらも ○	どちらも ○	どちらも ○
○	○	○	○
可動	可動	可動	可動
じゅうたん	琉球畳 または木	じゅうたん	じゅうたん またはタイル
○	※24時間常駐		○
—	—	—	子供用歯ブラシ
屋外に遊具あり!	全室にウォーターサーバー完備!	「ウェスティンファミリー」ピザづくり、シュノーケルなどの各種キッズクラスあり (有料/予約制)	ラウンジの中にキッズスペースあり

飛行機編 } "飛行機の出発時間"と

いくら3時間半とはいえ、小さな子供を連れての飛行機は、密室の中、まわりに迷惑をかけないかな

point 1 出発時間は**子供のリズムを乱さない朝便**がラク。

子供が7歳になってようやく、夜便の方が安いから、夜便なら航空券が取れるから…と自由に選べるようになってきましたが、乳幼児のうちは、絶対に朝便がおすすめ。なぜなら、子供が活動している日中のうちに移動できるから。子供によっては、飛行時間とお昼寝の時間が少しかぶるから、親も少しラクに。一方夜便は、飛行機の中で少しでも寝たいという人が増えるので、子供が騒いだらどうしようという親の緊張感が高まります。加えて、機内の電気を消すことが多い離着陸時、真っ暗になった機内が怖くて、子供が泣いてしまう可能性が出てきてしまいます。不安の種は少しでも摘んでおきたいから、私は朝便派です。

point 2 **パーソナルモニター**があると、子供の世話をしてくれる人がひとり増えるくらい助かる！

飛行機の時間帯に加えて、絶対に譲れなかったのが、座席にパーソナルモニターがついていること。子供向けの映画やテレビ番組が見られ、簡単なゲームもできるので、子供がそれに集中している間は安心して乗っていられます。以前から日本航空の飛行機はエコノミークラスでもちゃんとパーソナルモニターがあったので、本当によくお世話になっています。最近では、ユナイテッド航空が自分のスマホをパーソナルモニター代わりに使えるシステムを用意。この場合は、搭乗前に無料の専用アプリをダウンロードしておく必要があります。同じ航空会社でも、使用機材によっては、パーソナルモニターがない場合もあるので、自分が乗りたい便にモニターが搭載されているか必ずチェックするようにしています。だって、あるとないとでは大きく違うから！

上／ユナイテッド航空は、自分のスマホがパーソナルモニター代わりに。iPadの大きさまでセットすることができる。下／日本航空に乗ったとき。アニメに集中してる時間に自分がひと息（笑）。

"パーソナルモニター"が2大マストポイントです

と、親はドキドキしてしまうもの。息子とふたり旅もする私の工夫を紹介します。

point 3　直行便があるのは……

日本航空は成田から1日2便（2018年10月27日まで1日1便から増便中）。どちらも午前中発だから便利。ユナイテッド航空は、日本4都市から毎日6便。（P8参照）。関西発のLCCもチェック。

ユナイテッド航空

最近よく利用しているユナイテッド。「プレミアアクセス」というオプションを数十ドルで申し込むと、エコノミーでも、空港で搭乗手続きやセキュリティチェックが優先的に受けられます。子連れなら少しでも待ち時間を減らしたいもの。グアム→成田のセキュリティチェックはほぼ毎回大行列なので、何度助けられたか。

離陸前の飛行機のコックピットに座らせてもらったことも。こんなサービスは、フランクなアメリカの会社ならではだなと思います。

日本航空

日本の航空会社なので、もちろん機内はすべて日本語。困ったときも安心ですよね。最近、新機材が導入され、広々としたエコノミーシートに。ビジネスクラスはフルフラット。機内では子供へおもちゃのプレゼントもあり。

関西発のLCCも！

ティーウェイ航空

1日1便が毎日運行。春休みなどの繁忙期はチャーター便が出ることもあるのでチェックしてみてください。

point 4　機内で子供を**グズらせない**ために、私がいつもやっていること

- ☑ 「耳抜き」は棒つきキャンディで
- ☑ 授乳中ならケープがあるとラクチン
- ☑ 飲み物をこぼす心配がないマグが便利
- ☑ お気に入りのおもちゃや本を持参
- ☑ 困ったらお菓子作戦がやっぱり効く
- ☑ 新しい仕掛け絵本を買っておく

子連れ旅のいちばんの不安は、機内で子供が静かにしていられるか…。私も1歳半の初グアムは、ちょっとくらい荷物が増えるのはいいやと万全の体勢で臨みました。子供のお気に入りのおもちゃや絵本を持参、新しいものも用意しておき、気をひく。機内に入ったら、お腹をいっぱいにさせ、まずはお昼寝してもらう作戦で。グズリそうになったときは、抱っこして機内の邪魔になりにくいところを歩かせてもらう。大変でも3時間半の飛行だから乗り越えられるはず。ちなみに、搭乗前に子供を遊び疲れさせる、というテクニックもよく聞きますが、体力があって遊ぶと興奮するタイプの息子には逆効果でした（笑）。なので、子供に合った方法を探ってみてください。

おすすめの仕掛け絵本。右：指でたどる道によって何通りものの話が楽しめる。『こんがらがっち どしんどしん ちょこちょこ すすめ！の本』¥1,200（税抜）（小学館）　左：きせかえシールに、パラパラ絵本、おりがみ…。子供の感性を磨く工夫が詰まっているから、親子で夢中に。『ぺぱぷんたす 001』¥2,200（税抜）（小学館）

さて、悩むのはツアーか個人手配か…

ツアーと個人手配 どっちがお得？

To enjoy Guam more!

―― 私が **12**回子連れでグアムに行った結果 ――

**ツアーはとてもラク！
ひと言も英語を話さず
チェックインまで完了**

確か4度目の子連れグアムだったでしょうか。ツアーで「オンワード」に4泊5日で滞在したときのエピソードです。このときは旅行を決めたのが遅かったのに、オンワードに泊まりたい、パーソナルモニターがある日本航空で行きたいと決めていたから、希望の日程で両方が叶う方法をなかなか見出せずにいました。そんなとき、日本航空グループの旅行会社である「JALパック」のウェブサイトを覗いてみたら、希望どおりの予約が取れたのです。これまでは毎回個人手配でグアムを訪れていたので、これが初めてのツアーでした。グアムに到着したら、日本人の添乗員の方が出迎えてくれ、「オンワード」には「JALパック」の専用カウンターがあるので、そこでチェックイン手続き。日本を出てから、ホテルの部屋に入るまで、ひと言も英語を喋らなかったのは、これが初めてで、あまりのラクチンさに驚いてしまったほどです。さらにこの後、「ツアーにしておいて本当によかった！」という出来事が…。それは、台風の直撃！　このときは6月末～7月頭で雨季シーズンでした。前半は晴れていたのですが、後半に近くで台風が発生。帰国前日には台風接近のため、翌日飛行機が予定どおりに飛ばない…という事態になってしまったんです。でも、ツアーだったおかげで、ホテルに常駐している「JALパック」の方がすべてフォローしてくれ、問題なく延泊でき、1日遅れた飛行機にも無事に乗れ、帰国できたのでした。もしこのとき、個人手配だったら、もっとあたふたしていたかもしれません…。

そういう経験から、海外旅行にあまり慣れていない、何かあったらすぐに対応してもらえるようにしておきたい、という場合は、ツアーがおすすめ。もし泊まりたいホテルがあり、そこに専用カウンターがある旅行会社を選べば、いつでも日本語で直接相談できて、より便利だと思います。オプショナルツアーやレストランの予約もそこでできますし！

より安く行きたいなら、ツアーと個人手配を徹底比較

そういうわけでツアーには安心感があるのですが、旅費を少しでも安く済ませたい…という気持ちがあり、毎回必ずツアーと個人手配を比較しています。

ひとり数万円の安いツアーもありますが、子連れだと昼便のパーソナルモニターがある飛行機にしたいし、ホテルも自分で選びたい…。そうやって絞り込んでいくと、結局それなりの値段になってしまう、ということはよくあります。特に、**ツアーの値段が2倍、3倍と膨らむ夏休みや年末年始は、ぜひ個人手配での場合も検索してみてください。**もちろん、ツアーの場合は、バスチケットやオプショナルツアーなどの無料特典がついてきたり、地方空港から成田空港までの飛行機代が追加代金なしでOK、という場合もあるので、それも含めて検討することが大事です。個人手配でも、空港からホテルまでの移動は、有料でホテルに直接予約できるし、オプショナルツアーの予約は、旅行会社を利用していなくても現地のカウンターでできます。グアムの場合、個人旅行の敷居は意外と高くないですよ。私は自在にホテルも飛行機も選べる個人手配がお気に入りです。

結論!
- ☑ 初めてのグアム or 安心感やラクさを求めるならツアーが安心!
- ☑ 海外旅行に3回以上行ったことがあるなら、自由が利く個人手配

個人手配、私のおすすめTIPS

良席がどうか調べられる
シートグル
SeatGuru

まず、自分が乗る便名から使用機材を検索しておきます。その後、このサイトの「Seat Map Advice」に、航空会社、便名、出発日を入力し、該当の使用機材をクリック。シートマップが登場し、お手洗いが近くてうるさい、足元が広いなど、どんな席かを教えてくれます。英語のみ。
https://www.seatguru.com

飛行機料金を一気に比較
スカイスキャナー
skyscanner

複数の航空会社の飛行機代を一度に検索できるサイト。こちらは日本語対応。どの航空会社のどの時間帯の飛行機が安いかを調べることができます。日程がまだ決まっていない場合は、日程を変えて検索することで、どのタイミングで行くのが安いかを調べることもできます。
https://skyscanner.jp

シャトルバスもタクシーも!
ラムラム アプリ
LamLam アプリ

グアムの公共バス「赤いシャトルバス」を運営している会社から登場したスマホ用の新アプリ。「LamLam Bus」は、eチケットでバスに乗車できます。「LAMCAR」は、時間と場所の制限はあるものの、今いる場所に短時間でハイヤーがお迎えに来てくれます。個人旅行がグッとラクに。

Chapter | 2

子連れ旅は、現地調達より持参派

子供の荷物は
「備えあれば憂いなし」！

"多少荷物が増えても、足りなくて現地で困るよりだいぶいい!"

「とりあえず行って、足りないものは現地で買えばいいか」。そんな気ままな旅も素敵ですが、子連れ旅の場合は、「多少荷物は増えても、足りなくて困るよりいいか」という気持ちで旅支度をする方が後悔のない滞在ができると思っています。というのも、子供を連れての旅は、常に子供のペース。あれが足りないからサクッと買いに行こうかと、あるかどうかもわからず探しに出かけるのは大変。だから、必要かもしれないものはすべて日本から持参します(でも各航空会社の手荷物許容量は超えないように…オーバーすると追加料金を取られます…)。ほかには、"温度差"に対応する準備も欠かせません。グアムは常夏。湿気もあります。太陽が照りつける日はすぐに日焼けしてしまうくらい紫外線が強いです。一方、ショッピングセンターなどの建物に入ると、クーラーがガンガンに効いていて寒い…。以前、短パンで買い物に行って、お腹が冷えてしまったことも。だから、その両方に耐えられる服を用意していきます。これらを押さえておけば、あとは、思い思いのファッションを好きなように楽しめばいいだけ。ビーチリゾートならではのカラフルコーデを子供に着せるワクワク感を味わえるのも子連れグアム旅の醍醐味です。

パスポートは忘れずに!!

Trip preparation

これがあると助かる！
子供の持ち物LIST

3泊4日ならこれくらいの衣類を持参。洗濯する時間をつくるくらいなら、遊ぶ時間にあてたいので、枚数は多め。写真は幼児服ですが、もう少し小さくても、大きくても、考え方は同じです。

✓ CHECK

☐ **A** ⋙ 現地は常夏。服は基本的にこれでOK「**半そでのTシャツ**」
せっかく旅行に来たときくらい家事はさぼりたい…。だから、現地では洗濯はしない派。汗をかいたり、汚したりしてもいいよう、多めに持っていきます。

☐ **B** ⋙ 肌寒いときなどに備えて念のため1枚持参「**長そでのカットソー**」
クーラーが効いたホテル内で過ごすとき、天気が優れず肌寒いときも考慮して長そでも用意。日差しが強すぎるときの紫外線対策にも役立ちます。

☐ **C** ⋙ 夕食でレストランに行くときにあると便利「**襟付きのトップス**」
グアムはそれほどドレスコードに厳しくないけれど、おしゃれなレストランに行くときは、子供も大人に合わせてドレスアップするのも楽しい。

☐ **D** ⋙ スニーカーでは暑いし、ビーサンでは歩きづらいときに備えて「**サンダル**」
少し大きくなって、行動範囲が広がってきたら、歩く距離も長くなります。暑いからとビーサンでは足に負担がかかるので、歩きやすいサンダルが重宝。

☐ **E** ⋙ お気に入りのおもちゃなどを持ち歩けると子供も上機嫌「**子供用のバッグ**」
これも少し大きくなってからですが、日本から持参した子供のお気に入りや、現地で買ったおもちゃなどを入れて持ち歩かせています。出先でも遊べます。

☐ **F** ⋙ 日差しが強いので必ず持っていく「**帽子**」
なくなると困るアイテムなので、ふたつ持っていくことも（笑）。子供は大人より、気温の変化に順応するのに時間がかかるので、体調管理にも役立ちます。

☐ **G** ⋙ ホテル内のスリッパ代わりにも重宝「**ビーチサンダル**」
子供が小さいころは、かかとにストラップ付きのビーサンを愛用。子供用のスリッパがホテルに用意されていないときにも役立ちます。

☐ **H** ⋙ 持っていき忘れて現地で買ったこともあるほどのマストアイテム「**サングラス**」
紫外線は本当に強いです。息子は特に"眩しがり"なタイプなので、忘れたときは「ABCストア」で購入しました。子供用サングラスは「Kマート」でも買えます。

☐ **I** ⋙ 現地では毎日短パンでOK「**パンツ**」
ボトムは毎日短パンで問題ないと思います。これも洗濯するのが面倒なので、多めに持参。洗濯をする人は枚数が少なくてもいいかもしれません。

☐ **J** ⋙ ホテルは空調が効いているから長そで×長ズボンが便利「**パジャマ**」
ホテルによっては、クーラーをオフにしても、ホテル全体で効いていることもあるので、パジャマは長そでが安心。小さいころは、腹巻も持っていきました。

☐ **K** ⋙ 機内やクーラーの効いた場所では絶対必要「**薄いはおりもの**」
これも絶対忘れてはいけないもののひとつ。ショッピングモールの中は凍えるほど寒いことも（笑）。ベビーカーを持参したときは、ブランケットも一緒に。

PACKING LIST

出発時に着ていく服

これがあると助かる！
子供の持ち物LIST

現地で買うのはタイムロスだし、好みのものが見つからなかったら困るので、水回りアイテムも抜かりなく持参。グアムは湿気で水着が乾きにくいので、2セットあると便利です。

✓ CHECK

- [ ] **A** ▶ ライフジャケットが借りられないときに重宝「**浮き具**」
  子供のライフジャケットが有料だったり、希望のサイズがないことも…。空気で膨らませるタイプならかさばりません。

- [ ] **B** ▶ 子供の肌を紫外線から守る「**長そでのラッシュガード**」
  子供の体に日焼け止めをていねいに塗るのは大変だから、もう諦めて、長そでのラッシュガードで対応。グアムにも売っていますが、半そでが多いんです。

- [ ] **C** ▶ ある程度大きくなったら「**水中メガネ**」
  プールの塩素は強くない気がしますが、子供がより楽しめるように持参。シュノーケリングマスクはまだ使えないけど、海の中を覗きたいという場合にも有効。

- [ ] **D** ▶ グアムは湿気が多く、すぐに乾かないことがあるから「**水着2着**」
  1日に何度もプールに入りたい、湿気やスコールで翌朝水着が乾いてない…。そんなときに湿ったままの水着を着るのは不快なので、多めに持っていきます。

- [ ] **E** ▶ シュノーケリングしたいなら、子供も使える「**フルフェースマスク**」
  シュノーケリング器具がうまく使えなかった息子も、これならかぶるだけで普通に呼吸ができるので重宝。

- [ ] **F** ▶ 砂浜はビーサンでは歩きづらいし、ケガ予防にも便利な「**マリンシューズ**」
  海遊びにいちばん必要なのがコレ。砂浜に石や珊瑚が多いので子供の足を守ります。もし現地で買いたくなったら「ABCストア」や「Kマート」へ。

- [ ] **G** ▶ 日焼け対策や、シュノーケリング時の珊瑚対策に「**ラッシュレギンス**」
  脚も紫外線から守りたいときに便利。我が家の場合は、シュノーケリング中に体が珊瑚に触れてケガをするのを防ぐために活用しています。

- [ ] **H** ▶ ホテルからプールの移動に「**ビーチサンダル**」
  ホテルの客室だけでなく、ホテルの部屋からホテルのプールや海への移動にも使えます。足裏にあたる部分が凹凸のある素材だと濡れても滑りにくいです。

- [ ] **I** ▶ 水遊び中も紫外線対策「**マリンキャップ**」
  "リーフツアラー"で見つけた水遊び専用の帽子。日焼けしやすい首の後ろも守ってくれ、濡れてもすぐ乾き、あご紐付きで、毎回ヘビロテしています。

- [ ] **J** ▶ プールで、海で、オプショナルツアーで。とにかく使える「**ゴム入りタオル**」
  わざわざ買い足す必要はないのですが、もしお持ちならぜひ。ホテルでバスタオルの貸し出しはありますが、大判なので子供には使いづらいこともあるので。

日本で子供の
プール&ビーチアイテムを
買っていくなら…

「**H&M kids**」
オンラインショップでは、冬の寒い時期でも半そでのTシャツや短パン、さらには水着まで売っていることが多いんです。寒い時期に夏物を買うのって大変だから助かります。

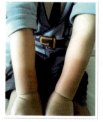

手持ちのラッシュガードが小さくなり、七分そでになるけれどまぁいいかと遊んでいたら、あっという間に日焼けで真っ赤に…。

シーン別「こんな場所では、こんな服

グアム滞在中のよくあるシーンでこれまで何を着ていたか、3泊4日の実例で紹介。過ごし

Day 1

@空港

夏でも機内は寒いので、**はおりものはマスト**

ちなみに / 日本が寒い時期に行くなら、薄手の服を何枚もレイヤード

日本がどの時期にグアムへ行こうが、子供は決まってこんなスタイル。機内対策として長ズボンに。

パーカ／ユニクロ
半そでのTシャツ　H&M kids
パンツ／H&M kids
靴／ニューバランス

機内でも、グアムに到着してからでも、脱ぎ着するだけで、その場に合わせた体温調整がすぐできる。

ダウンジャケット／デュベティカ
シャツ　ラルフローレン
半そでのTシャツ　H&M kids
パンツ　H&M kids
靴／ニューバランス

インに着ているのは、半そでのTシャツ

着いたらパーカを脱ぐだけ。機内で飲食物をこぼすこともあるので、着替えを機内に持ち込みます。

ミルフィーユ状にはおりものを重ねて

Tシャツ以外は、すべて前開きのシャツ・パーカ・コートだから、狭い機内でも着脱がラクラク。

Day 2

@ホテルの朝食

着替え時間を短縮したいから、**Tシャツ×水着**

GO! GO!!

子連れで広いホテルを何度も往復するのは大変なので、朝食後にそのままプールへ行けるスタイル。

Tシャツ　H&M kids
水着　H&M kids
ビーチサンダル　ハワイアナス

@ショッピング

外は暑い、ショッピングセンターの**中は寒い!**

外歩き時は、年中Tシャツ×短パンでOK。紫外線が強いので、サングラスと帽子も必須です!

Tシャツ／H&M kids
パンツ／H&M kids
帽子／Gap kids
サングラス／ノーブランド
靴　ニューバランス

子供と"おそろコーデ"も楽しい♡

旅行中は写真を撮る機会も増えるので意識的におそろ。私の場合は、ビーチサンダルを同じブランドに。

クーラーが効いた屋内用にパーカをバッグに忍ばせて

専用のポーチに収納すると、約10cmとコンパクトになる"ユニクロ"のパッカブルのパーカが便利。

を着るといいよ！」 4days

子供編

方をよりリアルに想像してもらえば、ご自身の滞在にマッチする持ち物が見えてくるはず。

Back to Japan

Day 3

@ オプショナルツアー
移動中は寒いので、
はおりものを
忘れずに

水着の上にはおりものとゴム付きタオルを。移動中の車内はクーラーが強いこともあるので寒さ対策。

ラッシュガード／J.CREW
パーカ　ユニクロ
ラッシュパンツ　イトーヨーカドーで購入
マリンキャップ／リーフツアラー
サングラス／ノーブランド
ゴム入りタオル／イトーヨーカドーで購入
ビーチサンダル／ハワイアナス

水系のオプショナルツアーに行くなら、帰りの着替えも忘れずに

濡れた水着のままクーラーの効いたバスや車に乗ると、体調を崩す原因に。着替えはマストです！

Day 3

@ ディナー
レストランへ
「襟付き」で行くと
"わかってる"感じ

Formal Fashion

カジュアルな飲食店なら問題ありませんが、素敵なレストランに行くなら、こんなおしゃれも楽しい。

ポロシャツ／ジェイプレス
パンツ　無印良品
バッグ／Ginger Beach Inn
靴／H&M kids

外食するときは、子供の好きなおもちゃを持参

せっかくの外食を少しでもゆっくり楽しむために（笑）、子供が夢中になれるものをバッグに入れて。

Day 4

@ ホテルのプール&ビーチ
ラッシュガードで
紫外線を
気にせず遊ぶ

長そでのラッシュガードだと日焼け止めの塗り直しを気にせずにいられます。海ではマリンシューズ必須。

ラッシュガード／J.CREW
ラッシュパンツ／イトーヨーカドーで購入
マリンシューズ／イトーヨーカドーで購入
のぞきメガネ　リーフツアラー

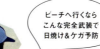
ビーチへ行くなら
こんな完全武装で
日焼け＆ケガ予防

ホテル前のビーチでシュノーケリングに挑戦したとき。海に行くときは、必ずライフジャケットを着用。

Day 4

@ グアム空港へ
ギリギリまで遊びたいから、
夏仕様の服で

夕方にグアムを発つなら、お昼過ぎまでは自由時間なので、夏服で思う存分遊び尽くします。

Tシャツ／H&M kids
パンツ／GAP
帽子／47 Brand
バッグ　SERPUI

寒さ対策に、長ズボンとパーカは機内に持ち込み

飛行機に乗ったら寒くなるので、長そで・長ズボンはスーツケースに入れず、手元にキープして。

これがあると助かる！
ママの持ち物LIST

子供の荷物を抜かりなく持っていく分、自分の荷物は極力少なくしたい…。
グアムに通ううちに見出したママの3泊4日ミニマムワードローブはこんな感じ。

✓ CHECK

☐ **A** ▶▶ 冷房対策として子供のひざ掛けにもなる「 **ストール** 」
飛行機内が寒いとき、現地でショッピングモールやレストランでクーラーが効いているときなど、自分だけでなく子供にも使えます。

☐ **B** ▶▶ 機内でも、現地でも、肌寒いときに助かる「 **パーカ** 」
子供と同じポケッタブルパーカでもいいのですが、子供が昼寝をしたときのブランケット代わりにもしたいので、コットン素材のパーカにしました。

☐ **C** ▶▶ ボトムは軽やかなタイプを2枚、「 **ハーフパンツやスカート** 」
常夏のグアムは、長ズボンやデニムだと暑いので、短めのボトムが便利です。子連れだとアクティブに動きたいので、ショートパンツは出番が多めです。

☐ **D** ▶▶ ディナータイムにどこへ行っても気後れしない「 **ワンピース** 」
子連れでドレスコードのある店へ行くことは少ないですが、あると安心。昼と夜で異なる装いをするのは旅ならではなので、自分が楽しむためにも持参。

☐ **E** ▶▶ 強い紫外線から目を守る「 **サングラス** 」
子供の持ち物と同じく、ないと困るサングラス。私はグアム空港に着いてすぐ使いたいから、機内用バッグの中にいつも入れています。

☐ **F** ▶▶ シャツ、半そでTシャツ、長そでプルオーバー。3タイプの「 **トップス** 」
自分のテイストに合わせて選べばいいと思うのですが、襟付き、半そで、長そでの3種類を揃えておくと、たいていのシーンに合わせた装いが叶います。

☐ **G** ▶▶ グアムの突然のスコールで濡れても大丈夫な「 **現地用ミニバッグ** 」
貴重品などを入れて機内に持ち込むミニバッグを現地でも活用。旅行だからとお気に入りのバッグを現地用にしたら、スコールで濡れて後悔した経験が…。

☐ **H** ▶▶ 上が長そで、下が短パンの「 **パジャマ** 」
いろいろ試した結果、この組み合わせがベスト。クーラーを切ったり、弱くして寝るから、上下長そででは暑いし、肩を出して風邪を引きたくないので。

ダウンでもビーチでも使えるビーチドレスがおすすめ！

グアムに行くようになってから集めているのがビーチドレス。水着の上にさらりとはおれば、ホテルの客室からプールへ行くときも恥ずかしくないし、プールサイドでは日焼け対策に、客室ではリラックスウエアに。プチプラショップでも意外とよいものが見つかるので、マメにチェックしています。左から／FOREVER21、ZARA、echo NEW YORK、J.CREW

時刻あわせが便利な CASIOの "SHEEN"

時計と専用スマホアプリをリンクさせれば、簡単にグアム時間にセットできる、海外旅行のマストアイテム。

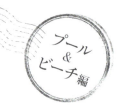

プール＆ビーチ編

これがあると助かる！
ママの持ち物LIST

私はシュノーケリングが大好きなので、ビーチアイテムは充実させているタイプ。
それぞれの過ごし方に合わせて、必要なものをピックアップしていただければ！

✓ CHECK

☐ **A** ▶ 海に入るなら、足を守るコレがマスト「**マリンシューズ**」
砂浜を歩くだけならビーサンで十分ですが、海で泳ぎたい、シュノーケリングしたい、子供を抱っこして海に浸かりたいならマスト。素足では痛いです…。

☐ **B** ▶ 日焼けしたくない、シュノーケリングしたいなら「**長そでのラッシュガード**」
ネット通販なら年中マリングッズが見つかるので、これらもネットで買いました。ダークカラーの方がより日焼けしにくい気がします。

☐ **C** ▶ こちらも日焼け対策や、海でのケガ予防に「**ラッシュパンツ**」
私の場合は、日焼け防止より、シュノーケリング中に珊瑚でケガをしないよう着用。効率よく過ごしたいから、ケガは未然に防ぐようできるだけ対処します。

☐ **D** ▶ 何度も借りるとレンタル代がかさむから「**シュノーケリングマスク**」
隙あらばグアムのきれいな海でシュノーケリングしたいと思っているので、MYマスクを購入。もし現地で欲しくなっても$10くらいから買えます。

☐ **E** ▶ 水遊び中の日焼け対策用に濡れてもいい「**帽子**」
プールや海で遊んでいるときも紫外線が気になるので、水に濡れても気にならない帽子を水陸兼用として持参。頭皮が焼けるのも防げます。

☐ **F** ▶ 水遊びに必要な荷物を入れておく「**プール＆ビーチ用バッグ**」
子供＆自分の荷物がたっぷり入る大きめサイズ、濡れてもいいビニール素材のバッグを愛用中。プールサイドに置いておくので、高価すぎないものが安心。

☐ **G** ▶ 湿気ですぐに乾かないから2枚以上の「**水着＆スイムパンツ**」
子供としょっちゅう水遊びをするから、自分の水着も予備を持っていきます。プールでは水着の上に、上はラッシュガード、下はスイムパンツを重ねます。

☐ **H** ▶ 水遊び中も貴重品を身につけられる「**防水ポーチ**」
グアムの「ABCストア」で買ってから重宝しているポーチ。万が一に備え、ここにルームキーと小銭を入れておき、身につけたまま海やプールに入ります。

マリンシューズはKマートやアウトレットなど現地でも調達できます！

年中水着を買うなら…
「J.CREW」オンラインショップ
英語の海外通販サイトですが、日本円表記、送料は¥2000均一、関税無料です。困ったら日本語で問い合わせができるのも助かります。

https://www.jcrew.com/jp/

水遊び中も着けていられる時計が便利！
G-SHOCKの防水時計

 Check!

海やプールには時計がないので、気がついたら昼ご飯の時間がすっかりすぎていた…となりがち。子供のリズムを乱さないためにも、濡れてもいい時計が重宝。パパに子供を見てもらい「10分だけシュノーケリングしてきていい？」というときにも活躍しています（笑）。

シーン別「こんな場所では、こんな服

ママのファッションもシーン別に考えます。3泊4日のシーンはP50〜51の

Day 1

@空港

荷物を減らしたいので
グアムでも着られる服で出発

ちなみに
日本が寒い時期に行くなら、薄手の服を何枚もレイヤード

リゾートに行くからと出発時からカジュアルすぎる格好は浮いて見えるので、白シャツで爽やかに。

シャツ／フランク&アイリーン
腰に巻いたパーカ／pull story
パンツ　ユニクロ
靴／ファビオルスコーニ

子供と同じ考えですが、冬だからといって厚手ニットを着ると現地で邪魔になるので、重ね着で対処。

ダウンコート／ユニクロ
ストール／ZARA
バッグ／ノーブランド

Day 2

@ホテルの朝食

着替え時間を短縮したいから、**服の下に水着**

ホテルでの朝食はカジュアルスタイルでOK。毎日プールに入るので、毎朝服の下に水着を着ます。

シャツ／フランク&アイリーン
パンツ／GAP
水着／J.CREW
ビーチサンダル／ハワイアナス

@ショッピング

ショッピングの日は
はおりものマスト！

「Tギャラリア」や「タモンサンズプラザ」のブランドショップにも行きたい日は、きれいめカジュアルに。

パーカ　pull story
Tシャツ　COS
スカート／COS
バッグ　SERPUI
靴　ジャックロジャース

サンダルで行くなら ソックスで防寒

暑い現地でサンダルしか履きたくないなら、足元をサンダル×ソックスにして、機内の寒さ対策を。

"ユニクロ"のウルトラライトダウンはこんなに小さく！

500mlのペットボトルと比べてもこんな小ささに収納できる。飛行機を降りる前にバッグにしまって。

メイク薄めの滞在中は 眉ティントが使える！

水遊びする日は落ちやすいマスカラはしません。「フジコ書き足し眉ティント」で眉をしっかりキープ。

きれいめデザインの ビーサンで足元も品よく

PVC素材なら、突然のスコールでも困りません。左上／ホルスター　その他／ジャックロジャース

を着るといいよ！」 4days

ママ編

子供編とリンクさせているので、ぜひ照らし合わせて考えてみてください！

→ Back to Japan! ✈

Day 3

@ オプショナルツアー
移動中の車内は、長そでの **ラッシュガード**と
タオルで防寒

朝早いオプショナルツアーに行くなら、前日のうちにホテルのプール用バスタオルを借りておくのが◎。

ラッシュガード　J.CREW
スイムパンツ　グアムの「ロス」で購入
帽子　ZARA
バッグ　メゾンドリーファー

@ ディナー
ロングワンピースで
女らしく♡

ワンピはグアムのアウトレットで購入。リゾート感のある服はやっぱり現地の方が見つかりやすい。

ワンピース　グアムの「ロス」で購入
バッグ　SERPUI
靴　ホルスター
ピアス　FOREVER21

Day 4

@ ホテルのプール&ビーチ
子供との遊び方で
装いをチェンジ

プールサイドでのんびり

子供とシュノーケリング

パパが子供と遊んでくれる日は、水着×ビーチドレス。子供といっぱい遊ぶならラッシュガードで。

ビーチドレス／echo NEW YORK
ラッシュガード／Amazonで購入
ラッシュパンツ／Amazonで購入
マリンシューズ／グアムの「ロス」で購入

@ グアム空港へ
朝から
機内スタイルなら
着替える手間いらず

子供は汗をかきやすいので半そでがいいけど、自分の夏服はもうスーツケースにパッキングしてすっきり。

カットソー／ZARA
パンツ　ユニクロ
時計　CASIO "SHEEN"
靴／ファビオルスコーニ

濡れてもいい素材の大きめプールバッグは現地で大活躍

グアムの「ABCストア」で買えるエコバッグをプールバッグ代わりにしても。ビッグサイズが便利です。

スーツケースに余裕があれば夜用のお出かけバッグを

左上から時計回りに／SERPUI、雑誌『Oggi』の付録のVASIC、SERPUI、トフ＆ロードストーン

化粧をあまりしない代わりに大ぶりピアスで華やかさUP

白やゴールドのピアスで顔周りが明るく。左／H&M　中／アレキサンダーワン　右／コラリアリーツ

ビーチリゾートで黒い服は着ないと決めています

色が重くて、リゾートには似合わないから。ボーダーやコットンレースなら軽やかに見えるのでOK。

もっとママビーチファッション

ビーチリゾートで役立つのは、「カラフルワンピ」と

グアムに行くようになってから、ビーチファッションのおもしろさに目覚めました。私が重宝して

{ カラフルワンピース }

普段はバタバタのママも、
旅行気分をめいっぱい味わえる！

{ ショートパンツ }

子供とアクティブに動ける＆
リゾートらしいおしゃれを両立

ヴィヴィッドな黄色は
黒小物で大人っぽく

日本では勇気のいる派手色
も、グアムの太陽の下なら
不思議と着れちゃいます。
旅気分も盛り上がる。

ワンピース／J.CREW
帽子／FOREVER21
バッグ／SERPUI
靴／ホルスター

YELLOW

ビーチなら
ピンクパンツ×
ピンクシューズもOK！

「ちょっと派手かな…」と
いうくらいの格好でもグアム
ならOK。この"非日常感"
がママをリフレッシュ。

パンツ　グアムの「ロス」で購入
ブラウス　アダム エ ロペ
バッグ／ノーブランド
靴／グアムの「ロス」で購入

PINK × PINK

海のブルーに映えるライラック

大人っぽいきれい色。薄手のコットン
素材のワンピースだから着心地も抜群。
蒸し暑いグアムでも快適に過ごせます。

ワンピース／サロン アダム エ ロペ
ストール／CODELLO
バッグ／SERPUI
靴／ジャックロジャース

LILAC

前開きワンピなら
ガウンとしても
着回せる！

ワンピースタイプの水着と
ショートパンツの上のはおり
ものとしても活躍。ボディラ
インを隠す効果もあります。

水着／マリシアスイム
パンツ／カルバンクライン
帽子／ZARA
白いバッグ／ドゥロワー

ネイビーの
ショートパンツは
取り入れやすさNO.1！
ブルーグラデで
さわやかに

グアムだけでなく、日本でも
活用させやすいネイビーの
ショーパン。まず1枚買うな
らイチ推しの色。

パンツ／GAP
トップス／J.CREW
水着／J.CREW
バッグ／BAGAT'
elle FRANCE

NAVY

「ショーパン」と「ビーチドレス」

いる3つのアイテムを軸にしたビーチコーデを紹介します。

ORANGE PANTS

インパクトのある
**オレンジボトムは
グレージュトップス**
で中和して

たとえば白トップスでコントラストをつけるより、ニュアンスカラーの方が大人っぽくまとまる気がして。
シャツ／マディソンブルー
パンツ／マイケルコース
カーキのバッグ
トフ&ロードストーン
靴／ハワイアナス

KHAKI PANTS

**ダークカラーを着るなら
素材はコットンやリネンに**

先ほど「リゾートで黒は着ない」と書きましたが、こんなコットンレースならOK。パンツも軽快な麻素材です。
ブラウス／ZARA
パンツ／H&M
帽子／FOREVER21
靴／ジャックロジャース

{ ビーチドレス }

ビーチドレスは、一緒に着る
ことが多い、水着と色を揃えて

水着の上に
ビーチドレスを
はおれば、プール前に
ショッピングもOK

腰骨丈くらいのカフタントップスもかわいいですが、1枚で着られる着丈があるものを選んでいます。
ビーチドレス　スターメラ
帽子／CA4LA
水着／FOREVER21
靴／ジャックロジャース

PINK DRESS

ホテルの客室から
プールまでの行き来も
ビーチドレスが
あれば恥ずかしくない

濡れた水着の上にもパッとはおれ、すぐに乾く薄手素材が助かります。ロング丈はワンピとしても活躍。
ビーチドレス／J.CREW
水着／J.CREW
靴／ハワイアナス
ピアス／バナナ・リパブリック

NAVY DRESS

> TPOに合わせた服装で子連れ旅がもっと楽しく！

クリスマスや年越しのディナーは、家族でドレスコードを意識したリンクコーデに

いつも以上に豪勢な食事でおもてなしをしてくれる、ホテルやレストランのクリスマス＆年越しのカウントダウンパーティー。その華やかな場にマッチする着こなしを家族で楽しみます。

ホリデーらしさ満点の豪華な食事に
大きなクリスマスツリー♪

ビーチリゾートのグアムは高級レストランでも、ドレスコードはたいていスマートカジュアル。Tシャツ、ショートパンツ、ビーチサンダルでなければ問題ないことが多いです。ホテル内のレストランではドレスコードを設けていないこともありますが、特別なクリスマスや年末のパーティーは、家族でおめかしして過ごす時間がよい思い出になります。それに、子連れでパーティーなんて、旅行中じゃないとなかなかないので、存分に堪能しています

Family Fashion

Mom ― 真っ白なワンピースでサマードレスアップ
ドレッシーすぎないコットンワンピ
ネイビー小物で、子供やパパとリンク。少し荷物は増えるけど、この時期に旅行するときはこんな服をスーツケースに詰めていきます。
ワンピース／ドゥロワー　バッグ／SERPUI
靴／イル サンダロ オブ カプリ　時計／ベダ＆カンパニー

Child ― ネイビー×ストライプ柄で爽やかBOY♪
襟付きポロなら動きやすさも◎
子供なら、ショートパンツでもOKだと思います。ネイビーのポロカットソーと合わせて、ふだんとは違う大人っぽいコーディネートに。
トップス／H&M kids　パンツ／GAP
靴／グアムで買ったラルフローレン

Dad ― 白×ネイビーのさわやか配色に
パパはロング丈のパンツできちんと
ジャケットやネクタイ、スーツパンツなどは不要ですが、襟付きのシャツとフルレングスのパンツで、大人として自信がもてる装いに。
シャツ／H&M　パンツ／ユニクロ
靴／ステファノ・ガンバ

for GIRL's Fashion

女の子コーデ をママスタイリストに聞いてみました♡

男の子のビーチファッションを考えるのも楽しいけれど、女の子のコーデもきっとかわいいに違いないと思い、仲良しのママスタイリストさんに娘ちゃんの着こなしを聞いてきました。

教えてくれたのは
スタイリスト 徳永千夏さん
ママ向けファッション雑誌の表紙や誌面、人気タレントのスタイリングを中心に活躍。小学3年生と4歳の姉妹のママ。Instagramは@chinakmm

> ビーチリゾートでは**ネオンカラー**を着せたくなります！

@ Flight

Coordinate
- ☐ Stripe One-piece
- ☐ Khaki Shirt
- ☐ Sneaker

ラクチンなジャージーワンピにシャツをはおった機内コーデ

「下の4歳の娘の場合のコーディネートを紹介します。出発時は、機内の寒さ対策に薄手のシャツをはおって。暑がりの子供は、到着したらシャツを脱いでノースリーブになります」

シャツ／SMOOTHY
ワンピース／アメリカンアパレル
靴　ヴィクトリア

@ Town

Coordinate
- ☐ Hat
- ☐ Chiffon Tunic
- ☐ Short Pants
- ☐ Beach Sandal

ビーチリゾート感溢れるコーデで街歩き

「ピンク×白、カラフルなビーサンで、南国気分をめいっぱい味わえる明るめのコーデを楽しみます。つばの広い帽子は日焼け防止にも有効です」

トップス　ZARA
パンツ／ZARA
帽子　こどもビームス
靴　ハワイアナス

@ Dinner

Coordinate
- ☐ Red One-piece
- ☐ Sandal

ディナータイムは、ロングワンピでおめかし

「後ろ丈が長く、お姫さまのようにずるずると引きずるドラマティックなワンピースでディナーに。まとめ髪にすると、より大人っぽくなって、昼間とはまた違う雰囲気を楽しめるんです。娘も大喜び！」

ワンピース／monmimi
靴　Bimbo Bimba

@ Pool

Coordinate
- ☐ Parka
- ☐ Swimwear
- ☐ Sneaker

ほかの子供にまぎれてもすぐ見つかるスイムコーデ

「ビーチでは迷子防止の意味も込めて、目立つ色がいちばん！全身を同じ色にするときは、ピンクグラデが挑戦しやすいですし、野暮ったくならないのでおすすめです」

ラッシュガード／パタゴニア
スイムパンツ／パタゴニア
靴　keen

LIST NO. 01

子供サイズの歯ブラシ

大人用の歯ブラシは、たいていのホテルのアメニティとして用意されていますが、子供用はめったにありません。外国の歯ブラシは、日本のものよりヘッドが大きいので、大人用アメニティではうまく磨けないんです。

LIST NO. 02

手の除菌スプレー

グアムでは日本のように、おしぼりが出てこないので、お菓子やご飯を食べるとき、近くに手洗いがなければ、これで手をきれいにします。右のウェットティッシュと一緒に持ち歩いています。ハンドサニタイザー／EO

LIST NO. 03

ウェットティッシュ

飲食店でおしぼり代わりに、子供が食べこぼしたテーブルのそうじに、手の除菌に…なにかと使えます。グアムでも似たようなものは買えると思いますが、やっぱり使い慣れたものの方が子供には安心ですよね！

子連れで 持っていくと助かる便利グッズ
Things to bring!

LIST NO. 07

スプレー式日焼け止めスプレー

子供に日焼け止めを塗るのは大変…。でも、シューッとするだけでOKなスプレー式を見つけてから、ラクになりました。顔には手で塗っています。これはグアムで購入したもの。日本より簡単に見つかりやすい気がします。

LIST NO. 08

ファスナー付きのポーチ

化粧品や日焼け止めなど、こまごましたものはすべてここに入れてスーツケースにポンと入れています。ホテルに着いたら、このまま洗面所に置いておけばいいのでラクチン。1枚¥100くらいでした。EVAケース／無印良品

LIST NO. 09

ビニール袋

子供が砂浜で集めた貝殻を入れたり、食べかけのお菓子を入れたり、汚れた洗濯物を入れたり…いろいろな使い道があります。重くないし、スーツケースの中で多少つぶれても問題ないので、いつもこの箱のまま持参しています。

LIST NO. 04

子供用スキンケア

うちの場合は息子の肌が敏感なので、子供用のボディソープやボディクリームなどは使い慣れたものを持っていくようにしています。黄色のボディクリーム／ヴェレダ　真ん中の4本／Linea MammaBaby　右／アロベビー

LIST NO. 05

子供用のケガセット

万が一のときのかぜ薬、ケガをしたときの消毒液、虫除けスプレー、虫刺されの塗り薬、子供の爪切り。まとめて透明のビニールに入れています。ホテルに着いたらこれを袋のまま部屋に置いておき、いつでも使えるように。

LIST NO. 06

水出しのティーバッグ

現地でお茶は1本$3はするし、麦茶やほうじ茶はなかなか見つかりません。これなら水のペットボトルに入れるだけ。以前、粒が大きい麦茶のティーバッグを選んでしまい、ペットボトルの口に入らず失敗したので、気をつけて。

初めて行ったグアムで、「これがあったらよかったのに…」と困ったもの、グアムに通ううちに、「これに助けられた！」と感じたもの。子連れ滞在に役立つ持ち物をまとめました。

I've been to GUAM.
It was a nice place.

LIST NO. 10

お菓子セット

グアムでもお菓子は買えますが、特に小さなころは、食べ慣れたものをあげたいなと思い、日本から持参していました。とにかく、子供はお菓子があるとハッピーになるので(笑)、いろいろなシーンで助けになってくれます。

LIST NO. 11

ジュエリーケース

時計やピアスなどを外した後は、ここに入れて保管。どこに置いたかわからなくなることもないし、高い場所に置いておけば、子供に触られて困るということもなくなります。ジュエリーケース／トフ＆ロードストーン

LIST NO. 12

子供用冷却シート

今のところ、グアムで出番はありませんが、もし熱が出てしまったとき、熱中症になってしまったときに備えて、子供専用の冷却シートを持参。グアムでも売っていると思いますが、こういうものは急に必要になるので。

LIST NO. 13

メラミンスポンジ

旅行中も子供を湯船に入れたい。でも、アメリカ圏では湯船につかる習慣がないので、バスタブの清掃はシャワーでサッと流しただけ、という場合もありそう?! 2度目のグアムからは自分で掃除するスポンジを持参してます(笑)。

LIST NO. 14

水中カメラ

愛用カメラ、"リコー"の「WG-40」についてはP87で詳しく紹介しますが、子供が海やプールで遊んでいる姿も撮り逃したくないし、グアムのきれいな海をそのまま撮りたいと購入。水場以外でもこのカメラを使っています。

LIST NO. 15

ミニ洗濯干し

旅行中は時間がもったいないので、ホテル内にコインランドリーがあっても洗濯しない派。ですが、ハンカチや子供の下着などが足りなくなったら、部屋で手洗いして、干すときに使っています。これは100円ショップで購入。

Let's go to Guam!

For BABY もし赤ちゃん連れ

使い慣れたおむつ

グアム在住のコーディネーターさんから聞いたのですが、やっぱりおむつは日本のものがいちばん使いやすいみたい。足りなくなったらグアムでも買えますが、サイズや肌あたりなどの問題があるので、いつものオムツを持参。

肉エキスなしの離乳食

肉エキス入りだと空港の検疫で没収される可能性があるので、原材料名を確認。魚エキスはOK。「味千汐路」のものは肉エキスなしが豊富。ビンタイプは重いですが電子レンジがなくとも、お湯を使って少しは温められます。

お食事セット

日本のように、子供用の食器やカトラリーを用意しているお店は豊富ではありません。なくてもどうにかなりますが、あると便利。エプロン、スプーン&フォーク、タッパ、フードカッターをセットに。タッパはお皿代わりにも。

LIST NO. 16

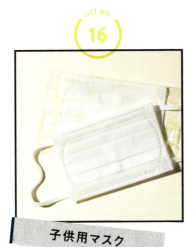

子供用マスク

これはグアムというより、日本からの移動中に便利なアイテム。人がたくさん集まる空港や乾燥する機内で、風邪予防のために子供につけてもらいます。嫌がるときは、子供の好きなキャラクターもののマスクを活用。

LIST NO. 17

シワ取りスプレー

大人用の便利アイテム。シャツやワンピースなど、スーツケースに入れておくとシワになりやすいアイテム、ありますよね。旅先でアイロンをかけるのは面倒でも、これならスプレーをしてかけておくだけなのでラクチンです。

LIST NO. 18

はさみ

子供のおもちゃや洋服についた値札を取るときなど、これがあるとかなり便利なんです。私は折りたたみ式を愛用しています。飛行機の手荷物にすると没収されてしまうので、必ずスーツケースに入れて。

なら、これも便利

USEFUL

スイミングパンツ

まだおむつが取れていないなら、水遊び用おむつが◎。すぐに泳がないのであれば、グアムの「Kマート」や「ペイレススーパーマーケット」でも買えます。ホテルによっては、館内の売店に売っていることもありますよ。

風呂桶

たいていのホテルは問題ないですが、バスタブとシャワールームが別の場合。バスタブには蛇口しかついていないので、子供を洗うときに、風呂桶が重宝。100円ショップで買い、帰国時に荷物が増えたら処分するという方法も…。

子供用の紙パックのお茶

今はティーバッグ×ペットボトルのお水を活用していますが、心配性の私は、息子が小さいころ、飲み慣れた子供専用の紙パックのお茶を持っていっていました。かさばりますが、帰国時にはなくなるので、不安な方はぜひ!

Chapter | 3

無理せず、子連れでも楽しく！

子供も自分も楽しめる、イチ推しアクティビティ

"こぢんまりとしたグアムでは、移動のタイムロスなく効率よく遊べます"

子連れグアムで、いつもいいなぁと感じるのは、わざわざ遠出しなくても、楽しめる遊びがたくさんあること。ホテルのプールや、ホテル前のビーチだけで、十分楽しい。なんなら、子供がいちばん楽しかった思い出は、ホテルのプールで遊んだことだったりします（笑）。だから、レンタカーなしで効率よく楽しめる、こぢんまりとしたグアムって、子連れにちょうどいいんだなと思います。

あそこへ、ここへ行こうと、出発前に細かいスケジュールを立てて、元を取るかのように、あちこち出かける旅とは異なる、新たな旅行の楽しみ方を教えてくれたのは、子連れグアムでした。ホテルを拠点にゆっくりペースでのんびりする旅って、ある意味贅沢だし、心が豊かになる気がします。心底リラックスできるから、育児の息抜きにもぴったり。正直感じるのは、ハワイだったらこうはいってなかったかもっていうこと。だって、誘惑が多いから…（笑）。先日、子供を連れずにハワイ出張へ行ってきたのですが、買い物スポットは行き尽くせないくらいあるし、オプショナルツアーに参加しようと思ったら1日がかり…。子連れのペースなら、心残りだらけだったことでしょう。だから、自分への誘惑が少ないことで、いい意味で諦めがついて（笑）、無理なく子供のペースに合わせられるんだと思います。そんな子連れで楽しめる納得のアクティビティを水・陸にわけて紹介します。

年齢別！
私はこれまでこう過ごしました

これまで子連れで何度もグアムに訪れていますが、息子が赤ちゃん、幼児、小学生と、成長していくにつれ、その過ごし方はどんどん変わっています。年齢別にこれまでどう過ごしたかをまとめました。

Relax Stay 赤ちゃん編

初グアムは1歳。3泊4日で「ハイアット」泊
ホテルを中心にのんびりSTAY

ママ友からよかったと聞いた「ハイアット」をホテルに直接予約。特にオプショナルツアーなどの予定は入れず、ホテルを中心にのんびり過ごしました。

機内では ひざの上で
2歳前まで飛行機代がかからない分、座席もありません。膝の上で少し寝てくれました。

遊んでは昼寝、ご飯食べては昼寝…の繰り返しだから
アクセスのよいホテルを選んで正解！

暖かな気候、そして水遊びをしたからか、日本よりたくさんお昼寝しました。ホテルのプール、ホテルのレストランと、たいていホテルで済ませ、近くの「Tギャラリア」へは徒歩で。

【ほかに行ったのは…】

グアム プレミア アウトレット
「ロス・ドレス・フォー・レス」でおもちゃをゲット。滞在中もホテルの部屋で大活躍。

マイクロネシアモール
車型のカートを借りられるので、ご機嫌。「メイシーズ」で息子の"ラルフ"の服をまとめ買い。

人気レストラン
アメリカンなバーガーに大人は満足したのですが、子供が食べられるものがなくて…。(P91参照)

――― 赤ちゃん連れの初グアム、これが助かった！ ―――

お手洗いに おむつ替えシート
ホテルやたいていのショッピングモールに備え付けられています。男性用お手洗いにも。

子供シート付きの カートで買い物
「Kマート」や「ロス・ドレス・フォー・レス」では、子供がご機嫌の間にショッピング。

客室にベッドガード を付けてもらえる
ベッドから落ちるのが心配で、夫婦で挟んで寝ました。ガードがあるとより助かります。

ベビーチェアの 用意があるお店が多い
ホテル、飲食店など、ベビーチェアがあるお店が多くって。フードコートにもありました。

グアムの人がとにかく キッズフレンドリー♡
赤ちゃんを抱っこしていると、笑顔でよくあやしてくれました。子連れにやさしい国です。

Challenging Stay 幼児編

3、4歳になったら、行動範囲が広がって…
オプショナルツアーにもトライ！

ヤンチャな年ごろですが、できることも増えたので、赤ちゃんのときにはできなかった遠出も！ 一緒にグアムの魅力をより満喫できるように！

3歳のときはベビーカー
抱っこが重くなったので、日本から持参。寝てしまったときは大助かり。

グアムで1、2位の美しさを誇る「ココパーム」まで遠出
3歳のとき、オプショナルツアーで参加。1時間の移動でしたが、意外と平気でした！

イルカウォッチングやシュノーケリングツアーにも行けるように！
これもオプショナルツアーで。イルカウォッチングツアーで、船長さんとポーズ。4歳になるとさらに参加できるツアーが増えます。

きれいでお魚いっぱいの海に大人は感動。息子は砂遊びが楽しかった様子（笑）。カヤックに乗ったり、ハンモックで揺られたりもしました。

落ち着いて外食もできるようになりサンデーブランチへ
まだ落ち着かない年齢ですが、赤ちゃんのころと比べるとだいぶラクになりました。

でもやっぱりまだ昼寝は必要
ベッドで遊んでいたと思ったら、コテッと寝ちゃってることが多かったですね（笑）。

Active Stay 小学生編

学校を休ませたくないけど、グアムに行きたい！
2泊3日、弾丸週末旅にトライ！

あまりこれをやる人はいないと思いますが（笑）、参考までに。私の仕事で夏休みが取れないかも…でもグアムに行きたいと、金曜日、学校が終わってから出発しました。

POOL LIFE

Day 1
FRIDAY

学校が終わってから一旦帰宅し夕方成田空港へ

グアム大好きな息子なので"ジェットキッズ"（P118参照）に乗って自らスイスイ♪

21：20 UA874 成田発

Day 2
SATURDAY

翌1：55 グアム着

「ヒルトン」に着きベッドに入ったのは3：32

ウキウキな息子は9：00に起床

空港で入国審査に時間がかかり、ホテル着が遅くに…。普段より短い睡眠で大丈夫だった息子。

ビジター料金で「PICグアム」へ

数年ぶりにウォーターパークへ行きたいと思って。遅めの朝食後から夕方まで堪能。

夜は「チャッキーチーズ」とアウトレット
息子は「チャッキーチーズ」（P78参照）、私はGPOの「ロス」（P113参照）を存分に堪能。

Day 3
SUNDAY

朝からホテルのプールと海を満喫

プールではスライダーで大はしゃぎ。目の前のイパオビーチでシュノーケリングにも挑戦。

息子のリクエストでまた「チャッキーチーズ」

「ヒルトン」を選んだのは、GPOへのアクセスのよさも理由。中心地には行きませんでした。

15：00 ホテル出発
16：55 UA873 グアム発

20時に成田に着き、翌日から学校へ。

私の周りの素敵なママの
子連れグアム旅をリサーチ

ママモデル、ママスタイリスト、ママエディター、ママデザイナー…。
私の周りでも、たくさんの人が子連れでグアムへ行っています！
子供の年齢も性別も過ごし方も違う、みなさんのグアムのそれぞれの楽しみ方を紹介します。

モデル　中林美和さん

Profile
言わずと知れた大人気モデル♡ 『Mama Hawaii』（ベストセラーズ）という子連れハワイ本を出すほどの旅行通の美和ちゃんもグアムへ。Instagramは@miwanakabayashi

「『ココパーム』はとってもきれい！」

娘の誕生日をお祝いするグアム

娘たちの春休みに旅行をすることが多いのですが、このときはグアム旅行と次女の11歳の誕生日が重なり、現地でお祝いをするハッピーな滞在に。子連れで旅をするときは、もしもに備えて、病院や薬局の場所を事前に調べて行くことが多いですね。ケガをしたときは、現地で買っておいたかわいい絆創膏を貼ると、元気になってくれます！

「『ココパームガーデンビーチ』は、プライベートビーチなので混んでおらず、のんびりできます。プライベートカバナを借りるのも、子連れにぜひおすすめです！　たどり着くまでのローカルな道もいい雰囲気」

ケーキでお誕生日を祝って

「同じブランドのワンピースで、娘が大好きなパスタが食べられるイタリアンレストランへ。バースデーケーキを用意してもらいお祝い。うれしそうな顔が見られて幸せでした」

ホテル前のビーチでのんびり

「ホテルは『ハイアット』に4泊5日。ホテル前のビーチでもこんなにきれい。パラソル付きのビーチチェアを借りて、パパと娘はビーチアクティビティを楽しんでいました」

スタイリスト
徳原文子さん

Profile

ファッション雑誌『Marisol』(集英社)の表紙や誌面を手がける人気スタイリスト。毎年のように子連れトラベルを楽しむ旅のプロでもある。

「ラウンジ付きのロイヤルタワーに宿泊。テラスでの朝食が気持ちよかった」

仲良し家族で卒園記念グアム

息子が年長の2月に、保育園の卒園旅行としてグアムへ。大人8人、子供5人で『PICグアム』に3泊しました。子供たちは朝から夕方までずっとプール! 特にスライダーがいちばん楽しかったよう。プールに監視員がいてくれるので、親としては安心でしたね

「『Kマート』では巨大カートに子供たちは大興奮。目新しいものがたくさん売っていて楽しかったみたい」

スタイリスト
山崎ジュンさん

Profile

ファッション雑誌のスタイリスト&エディターとして活躍。現在は旦那さまのお仕事の都合で、香港在住中。Instagramは@hellojunstyle

コンドミニアムで、住むように過ごすグアム

息子が7歳の夏休みに友達家族と。大人5人、子供4人でコンドミニアム『ピアマリン』の3ベッドルームに7泊しました。滞在中は95%自炊でした。子供たちの誕生日のお祝いもしたので、パーティーグッズを『ペイレス』(P116参照)で調達。ビーチやバス停までは少し歩きますが、子供が小学生なら問題ありませんでした

「自炊して、歩いてヘルシーな滞在。高台にあるコンドミニアムからサンセットも!」

デザイナー
田中彩子さん

Profile

デザインから販売まで手がけるバッグブランド"AYAKO bag"のデザイナー。著書に『AYAKO'S MY STYLE』(ワニブックス)がある。Instagramは@ayako_tanaka

「『Tギャラリア』はグアムがいちばん好き。エルメスやフェンディなども品揃えが豊富で値段も安い! 化粧品も毎回買って帰ります」

水遊びと買い物、親子で楽しむグアム

一度目は『アウトリガー』、二度目は『デュシタニ』に泊まりました。日中は息子と海やプールで遊び、日が暮れたら徒歩で『Tギャラリア』に行くのが定番。だからホテルはアクセス重視で選択。沖縄感覚でサクッと行けるのにアメリカを味わえるグアム、いいですね

エディター
飯島法子さん

Profile

ファッション雑誌『Domani』(小学館)のウェブライター。初の子連れ海外はグアム。子供が生まれる前に2回、子連れで2回、グアムを訪れている情報通。

「この時は『デュシタニ』に宿泊。『ターザ』(P77参照)のプールも行き、『ザ・ビーチ』(P79参照)のディナーショーも満喫」

子連れにはやっぱりよかったグアム

独身時代にグアムへ行ったら、やっぱりハワイの方がいいって思ったけれど(笑)、息子が1歳半のときに再訪。すると、近くてすぐ着くし、海が浅くて安心だし、ワイキキより混んでないし…子連れにはぴったりだなと。5歳でも行きました

プール & ビーチ編

子連れグアム

おすすめの過ごし方

グアムといったら、やっぱりプールや海での水遊び。子連れで行ったら、実際にどんな過ごし方ができるのか——。
私がこれまで訪れ、自信をもっておすすめできるアクティビティを紹介します。

**パパやママと水遊び。
それだけで子供は大喜び**

あれこれ予定を詰め込まないでも、ホテルのプールで朝から晩まで、1日中過ごせる。それくらい子供ってプールが大好き。私の周りの子連れグアム経験者に聞いてみても、ほぼ100％の割合で、子供がいちばん楽しんでいたのは「ホテルのプール」と答えるほど(笑)。ちなみに、ウォーターパークとふつうのプール、どちらがよいか——。これも悩まれると思うので、私の経験談を。赤ちゃんや乳児なら、ウォーターパークではない方がのんびり楽しめる気がします。幼児からはウォーターパークでも楽しめます。ふつうのプールなら短いスライダーはあった方がいいかも。小学生になったら、ウォーターパークがさらに堪能できるように。けれど、ふつうのプールでも広さがあれば問題なし。ビーチボールや浮き輪が自由に使えるから、満足できているようです。

左／「PICグアム」の小さな子供向けプールは仕掛けがいっぱい！

まずは、 ホテルのプール だけで朝から晩まで十分だったりする

プール
大好き♡

左／「ヒルトン」のスライダーは、長すぎないので子供も怖がりません。もちろん、大人と滑るのもOK。中／1歳半の初グアムで「ハイアット」のプールにちゃぷん。このころは抱っこが多かったですね。右／「ヒルトン」のアクティビティプール。浮き輪やビーチボールを自由に使えるのがいい。

お魚の泳ぐ広〜い海が子供の好奇心をかき立てます

ぜひホテルの前のビーチへ行ってみてください。海洋保護地区に指定されている、想像以上に透き通った、美しい海が迎えてくれます。海の中を覗いてみると、たくさんの熱帯魚！ 海に入らずとも、上から覗いただけで魚を見つけられるかもしれませんよ。気温が落ちる冬の時期がないグアムでは、いつ行っても暖かいから、海も存分に楽しめます。

右／少し沖へ行けばシュノーケリング天国がある「イパオビーチ」。下／「デュシタニ」や「アウトリガー」前のタモンビーチ。外洋まで距離があるので、比較的波も穏やかで安心。

2 次は ホテル前のビーチ まで足をのばしてみる

カヤックに乗ったり

有料ですが、タモンビーチではカヤックや脚こぎボートに乗れます。海では必ずライフジャケットをつけて。

右／「イパオビーチ」の海の中はこんな感じ。水族館を泳いでいるみたい。下／「PICグアム」ではロングマットを借りて、水面から魚の観察。

シュノーケリングしたり

貴重品はビーチに持っていかないのが安心

私は今のところ盗難にあったことはありませんが、油断大敵。いくら穏やかなグアムでも、外国という意識は忘れないで。

貴重品を見守る人がいないなら、防水ポーチに入れ身につけます。それ以外は、もしなくなっても諦めがつくよう、ビニール袋をバッグ代わりに。

子供の年齢制限がないので、
小さいうちから楽しめる

小さな子供と参加できるオプショナルツアーの中でも、これは赤ちゃんからOK。これまで何度も参加していますが、今のところ私のイルカ遭遇率は100％！ 船長さんが船を操って波を起こすと、イルカが船と一緒に泳いでくれることもあるんですよ。

会える確率は90％以上！
私が毎回必ず行く　イルカウォッチング

一緒にシュノーケリングや釣りも楽しめる！

少し大きくなってからですが、イルカウォッチングの後には、足が着かない大海原の真ん中でシュノーケリングや魚釣り体験。アブラ湾やアガット湾など、少し離れた海は、タモンビーチとはまた違った美しさがあります。

MY FAVORITE TOUR

☑ **リアルワールドダイビング**

「キャプテン・オブ・ザ・デー」体験も！

4歳〜11歳なら、停船中に操縦席に座らせてもらえるので大喜び。"船長認定書"ももらえます。P69の写真もここで。

「イルカウォッチング＆スノーケリング」4〜11歳：$30、12歳〜：$58　3歳まで無料　ホテル送迎あり　日本語○　www.djv.jp/index.html　MAP：P125 D-2

☑ **スキューバカンパニー**

水上トランポリン＆水上滑り台に大興奮

海の上で遊べるオーシャンパークがあるので、アクティブな子供にはぴったり！

「イルカウォッチング＆オーシャンパーク」6〜11歳：$26〜、12歳〜：$43〜　5歳まで無料　ホテル送迎あり　日本語○　www.scubaco.com　MAP：P124 A-3

子供の成長を待って念願の参加！
ホテルから少し離れた絶景ビーチで 魚まみれシュノーケリング

子供がシュノーケリングできる年齢になったら！

グアムでシュノーケリングの楽しさに目覚めてから、いつか子供とシュノーケリングツアーに行くのが夢でした。子供が4歳のとき、ついに実現。まだシュノーケリングマスクは使えなかったので、浮き輪とバケツ型ののぞきめがねを持参してトライ。水族館みたいな海の中に息子も大興奮でした。

「フィッシュアイマリンパーク」（写真上）では魚の餌付け体験ができます。餌を持っていると、みるみる魚が集まって。下で紹介しているふたつのツアーは、スタッフの方が子連れにやさしくて、たくさんのサポートをしてくださり助かりました。グアムって本当にキッズフレンドリーです。

MY FAVORITE TOUR

 ☑ **フィッシュアイマリンパーク**

海洋保護地区にあるから、まるで竜宮城！

まずは海中展望塔で濡れずに魚観察。その後、階段で海へ入るから子連れも安心。運がよければ海ガメと遭遇?!

 ☑ **アプラダイブマリン**

アプラ湾で"ニモ"を探すツアー！

6歳になったらトライ。波が穏やかな湾なので、子連れでも安心です。体験バナナボートは私の方が必死でした（笑）。

竜宮城シュノーケリングツアー「展望塔見学とランチ付きコース」（水中展望塔＋シュノーケリング＋ランチ） 6〜11歳：$30 12歳〜：$58 5歳まで無料 ホテル送迎あり 日本語○ www.fisheyeguam.com/index.html.ja MAP：P124 A-1

「クマノミのお家を探しに行こう！」6〜11歳：$35 12歳〜：$55 5歳まで無料（アクティビティの参加は不可） ホテル送迎あり 日本語○ www.apradivemarine.com MAP：P124 A-1

5 子連れでも1時間かけて行く価値あり！
グアムで圧倒的にきれいな　ココパーム

遠出しても子供は砂遊びがいちばん?!

親の方が感動?!　1位、2位を争う絶景ビーチ

オプショナルツアーを予約した人しか行けないプライベートビーチ。グアムの北にあります。海の透明度はグアム随一。海を覗くと、浅瀬でも魚がウヨウヨ。砂場セットやカヤックも無料で使えます。

移動するバスの中はクーラーが効いているので冷房対策は必須。整備されていないデコボコ道も通るので、着くまでは大変ですが、その美しさは、沖縄離島の海を知っているカメラマンさんも感動するほど。

MY FAVORITE TOUR
☑ ココパームガーデンビーチ
「ツアーA」（ランチ・タオル付き）　3～11歳：$45　12歳～：$95　2歳まで無料　ホテル送迎あり　日本語○　www.cocopalm-guam.com/index.html　MAP：P124 B-1

---

6 観光地を巡った車でそのまま海へドボン！
乗り物好きが大興奮の　ライド・ザ・ダック

乳幼児も楽しめる水陸両用車！

タモンを出発したら、歴史あるハガニアの建物や、グアムミュージアムなどを車窓から観光できるから初グアムにぴったり。配られるアヒルのくちばし型の笛を鳴らしながら愉快に進みます。そして、海にドボン。終始シートに座ったままなので、小さい子の参加もOK。

海に浮かんでいる時間、子供は運転席に座らせてもらえます。乗り物好きは大喜び。ファミリーにぴったりのアクティビティ。

MY FAVORITE TOUR
☑ ライド・ザ・ダック
「観光ツアー」2～11歳：$25～　12歳～：$45～　1歳まで無料　ホテル送迎なし（サンドキャッスル集合）　日本語○　www.guam-bgtours.com.activity/ride-the-ducks/　MAP：P125 E-2

---

7 モルディブ級の美しさ！
グアムの離島、　ココスアイランド

5歳以上の元気な子供にぴったりな冒険島

浜辺ではでっかいカニを、ジャングルではイグアナを。子供のワクワクが止まらないワイルドな探検ができる。奥の海では星の砂も発見。有料のアクティビティは、5歳・8歳以上なので、ある程度大きくなってからの方がより楽しめると思います。

グアムの南端、珊瑚礁に囲まれた美しい離島。ホテルから約1時間バス移動、その後10分、船に乗って到着。乗船中、海ガメに出会ったことも！　グアムにしか生息しないココバードも見ることができます。

MY FAVORITE TOUR
☑ ココスアイランドリゾート
「半日ココスコース」2～11歳：$37　12歳～：$58　1歳まで無料　ホテル送迎あり　日本語○　www.cocos-island.jp/main/index.html　MAP：P124 A-2

● この本をどこでお知りになりましたか?(複数回答可)
1. 書店で実物を見て　　　　2. 知人にすすめられて
3. テレビで観た(番組名:　　　　　　　　　　　　)
4. ラジオで聴いた(番組名:　　　　　　　　　　　)
5. 新聞・雑誌の書評や記事(紙・誌名:　　　　　　)
6. インターネットで(具体的に:　　　　　　　　　)
7. 新聞広告(　　　　　新聞)　8. その他(　　　　)

● 購入された動機は何ですか?(複数回答可)
1. タイトルにひかれた　　　　2. テーマに興味をもった
3. 装丁・デザインにひかれた　　4. 広告や書評にひかれた
5. その他(　　　　　　　　　　　　　　　　　　)

● この本で特に良かったページはありますか?

● 最近気になる人や話題はありますか?

● この本についてのご意見・ご感想をお書きください。

以上となります。ご協力ありがとうございました。

郵便はがき

150-8482

東京都渋谷区恵比寿4-4-9
えびす大黒ビル
ワニブックス 書籍編集部

お手数ですが
切手を
お貼りください

――― お買い求めいただいた本のタイトル ―――

本書をお買い上げいただきまして、誠にありがとうございます。
本アンケートにお答えいただけたら幸いです。
ご返信いただいた方の中から、
抽選で毎月５名様に図書カード(1000円分)をプレゼントします。

ご住所　〒
TEL（　　-　　-　　）

（ふりがな）
お名前

ご職業	年齢　　歳
	性別　男・女

いただいたご感想を、新聞広告などに匿名で
使用してもよろしいですか？　（　はい・いいえ　）

※ご記入いただいた「個人情報」は、許可なく他の目的で使用することはありません。
※いただいたご感想は、一部内容を改変させていただく可能性があります。

8 タモンの中心にあり行きやすい
「ターザウォーターパーク」

旅行会社のツアーなら、送迎付きコースもあるので、チェックしてみて。

専用レシート提示で2回目半額もうれしい

何本もの絶叫系スライダーや流れるプールが魅力。リストバンドを付けていれば、当日入退場自由というメリットも。浮き輪、ライフジャケットは無料、タオルは有料。

MY FAVORITE SPOT

☑ ターザウォーターパーク

「1日コース」5～11歳：$30　12歳～：$40　4歳まで無料　ホテル送迎なし　日本語○　営10:00～17:00　休水(繁忙期以外)　www.guamplaza.com/jp/waterpark-adventure（英語）　MAP：P125 E-2

9 6歳になったらぜひチャレンジ！
一度やるとハマる ジェットスキー

タモンから車で約10分という近さがラクチン。ほかにも豊富なアクティビティあり。敷地内には滑り台のあるキッズエリアや、写真映えするブランコも。

運転免許がいらないので親子で乗れる！

子供は運転できませんが、自分の前に座らせれば、ドライバー気分を味わえるみたい。息子は何回もやりたいというほど、大好きです。

MY FAVORITE TOUR

☑ オーシャンジェットクラブ

「ジェットスキー」6～11歳：$35　12歳～：$60　ホテル送迎あり　日本語○　www.oceanjetclub.com　MAP：P124 A-3

10 水に濡れずに魚が見られる「潜水艦」

潜るのは、アプラ湾というグアム中部の西海岸あたり。潜水前には、潜水艦が浮上してくる貴重なシーンも見られます。

身長92cm以上で参加可能。海底40mの世界

船で潜水ポイントに着くまでクルージング。潜水艦に乗り換えたら、約40分間の潜行です。シュノーケリングが苦手な子供もぜひ！

MY FAVORITE TOUR

☑ アトランティス サブマリン グアム

「アトランティスサブマリンツアー」11歳まで(身長92cm以上)：$49　12歳～：$99　ホテル送迎あり(帰りは「タモンサンズプラザ向かい/タモンベイセンター前」解散。赤いバス停「タモンサンズプラザ向かい/タモンベイセンター前」)　日本語○　運休日：2018年4月7～29日　www.atlantis-guam.com/index.html　MAP：P124 A-1

11 運がよければ 浮いてるだけで 海ガメに接近！

シュノーケリングで海ガメに会える?!

「TBHG」はウエスティン前のビーチからカヤックで気軽に。「S2クラブ」はアプラ湾からボートに乗っていくシュノーケリングです。

MY FAVORITE TOUR

☑ TBHG（ヒルトンにもあり）　☑ S2 クラブ

「カヤックシュノーケリングdeウミガメ」1人：$35　ホテル送迎なし(ウエスティン集合)　日本語○　westin.tbhguam.com/index.html

「ウミガメボートシュノーケル」8歳～：$65～　乗船のみ$45　ホテル送迎あり　日本語○　www.s2club.net/guam/turtle_snorkel/index.html　MAP：P124 A-1

12 豊富なアクティビティで飽きないウォーターパーク「PICグアム」1日会員

飲み放題・食べ放題のランチ付き

宿泊者ですぐに予約がいっぱいになる「泳げる水族館」は、1日会員枠が少しあるので聞いてみて。コインロッカーは$5。

詳しくはP20

MY FAVORITE SPOT

☑ PIC グアム ウォーターパーク

「1日会員コース・ランチ付き」2～11歳：$55　12歳～：$110　1歳まで無料　ホテル送迎あり　日本語○　旅行会社経由予約のみ。ホテルでの直接申込不可。

13 流れるプール＆ウェーブプール！「オンワード ウォーターパーク」

プール好きなら1日中満喫できます！

このプールは宿泊者なら無料で遊べます。泊まっていないけれど1日だけ行ってみたいという場合は、オプショナルツアーとして参加。

詳しくはP21

MY FAVORITE SPOT

☑ オンワード ウォーターパーク

「1日コース」5～11歳：$30　12歳～：$55　4歳まで無料　ホテル送迎あり　日本語○　旅行会社か宿泊ホテルのツアーデスクにて申込

子連れグアム

おすすめの過ごし方

タウン編

ビーチリゾートのグアムですが、街での遊びも充実しています。
私が子連れでいつも満喫しているスポットをまとめました。雨が降る日に行ける場所も網羅しています。

1

ゲームセンターとレストランが一体化した「チャッキーチーズ」。
滞在中、毎日のように子供が行きたがる最愛スポット！

昼間プールやビーチで遊んだ後、夕飯を兼ねて行くのが私的定番

息子はココが好きだからグアムに行きたいというくらいのお気に入りスポット。何時間でも遊んでいられると思いますが、天気がいい日中は水遊びをさせたいし、お金がいくらあっても足りないくらいなので、夕方からのお楽しみにしています。

「グアム プレミア アウトレット」に隣接。アメリカのチェーンレストランです。日本語が話せるスタッフはいません。でも片言の英語でどうにかなります！

遊び方

家族一緒に入り、腕にスタンプを押してもらう

ブラックライトでしか見えないスタンプです。もし英語がわからなくても、入り口ゲートで腕を出せば押してくれるはずですよ。

レジで食べ物やメダルをオーダー

食べ物は頼まなくてもいいし、後でも注文可。ゲームにはすべてメダルが必要で、メダルのことは「トークン」と呼びます。

ゲームでチケットをゲット

ゲームの成果により出てくるチケット枚数が変わります。集めた後は、専用の機械で枚数を数えて。

チケットと景品を交換

10枚以上チケットが集まっていれば、景品と交換できます。滞在中にもう一度訪れる場合は、合算してもOK。

入店時に押したスタンプを確認し退店

気に入っているのはセキュリティの高さ。出口でブラックライトを当て、腕のスタンプが親子一緒か確認。子供だけでは外に出られない仕組みです。

たとえばこんなゲームに子供は大喜び♪

レーシングゲーム

さすが子供！ ゲームにはもちろん日本語の説明はありませんが、勝手に楽しんでいます。

ボール転がし

ボールを転がして、難しいゴールに入れれば入れるほど、チケットがたくさん出るルール。

チャッキーとのダンスタイム

時折、マスコットのチャッキーが登場。踊った後は、チケットをばらまくチャンスタイムです。

MY FAVORITE SPOT

☑ **チャッキーチーズ**

「Chuck E. Cheese's」30トークン＄10〜
バス停「グアム プレミア アウトレット」で下車後、徒歩すぐ　☎10：30〜21：00（日〜木）、〜22：00（金・土）　無休　MAP：P124 A-3

TV『旅猿』を見て予約!
バギーでオフロード探検

※現在は屋根なしのバギーのみ

子供が乗れるのはふたり乗りバギーの助手席。運転は18歳以上から。右上のひとり用バギーの写真は記念に座らせてもらいました。

4歳から参加可能なワイルドツアー

かっこいいバギーで道なき道を走るので、パパが喜ぶかも。絶景ポイントにも立ち寄ります。砂埃が舞うので汚れてもいい服で。息子は持参したゴム付きタオルを巻いていましたが大正解でした。

MY FAVORITE TOUR

☑ **グアムアドベンチャーズ**

「オフロードアドベンチャー」 4〜17歳:$30 18歳〜:$75 ホテル送迎あり 日本語○ www.guamadventures.com MAP:P124 B-1

本物の火を使ったダンスに興奮
「バーベキューディナーショー」

イチ推しはこの2大ショー!

子連れなら宿泊ホテルのディナーショーもラクチン。もしせっかくだから、というならグアム最大級のスケールを誇る「ザ・ビーチ」か、グアムの伝統的なチャモロダンスが唯一見られる「シェラトン」へ。

MY FAVORITE TOUR

☑ **ザ・ビーチ**

BBQビュッフェディナー&ショー「タオタオ・タシ」6〜11歳:$45 12歳〜:$85 ホテル送迎あり 日本語○ 休水 www.guam-bgtours.com/activity/taotao-tasi/ MAP:P125 E-1

☑ **シェラトン・ラグーナ・グアム・リゾート**

「ベイサイド・バーベキュー」6〜11歳:$33 12歳〜:$65 ホテル送迎あり 日本語△ www.sheraton-laguna-guam.com/restaurant/bayside/ MAP:P124 A-2

もうひと遊びしたいときは、「タガダ グアム」

午後から夜中まで空いているミニミニ遊園地

絶叫系のアトラクションもありますが、小さな子連れにおすすめは、写真上のようなコイン式の乗り物。カート同士でぶつかって遊ぶ「バンパーカー」も楽しめると思います。夕食の時間まで少しだけ遊びたいときにも便利です。

MY FAVORITE SPOT

☑ **タガダグアム アミューズメントパーク**

「Tagada Guam Amusement Park」バンパーカー$6 バス停「パシフィックプレイス」で下車後、徒歩3分 17:00〜23:00(月〜金)、16:00〜23:00(土・日) 無休 MAP:P125 E-2

買い物ついでにサクッと行ける
「アンダーウォーターワールド」

館内で宝探しができたり、水族館のトンネルの中でディナーが楽しめるプランもあります。館内には、キッズゾーンやセレクトショップも。

アクセス便利な、グアムで唯一の水族館

タモンの中心地、「Tギャラリア グアム by DFS」の向かいにあり、それほど所要時間がかからず、気軽に行ける水族館がココ。買い物の合間でも行ける利便性が子連れには助かります。見所は全長100mのトンネル状の水槽です。

MY FAVORITE SPOT

☑ **アンダーウォーターワールド**

「Ocean Safari」3〜11歳:$12 12歳〜:$23 2歳まで無料 バス停「アウトリガー/ザ・プラザ前」で下車後、徒歩すぐ 10:00〜18:30 無休 www.uwwguam.com/?lang=ja MAP:P125 E-2

スリリングな体験が好きなら「ジップライン」

プールの上を滑り下りるオーシャンジップは、疾走感が存分に味わえます。

プールの上をスルスルと滑り下りる！

専用の滑車を使い、張られたワイヤーを滑り下りるのがジップライン。せっかくグアムに来たんだから、めったにできないことをしてみたいというチャレンジャーはぜひ！

親子一緒では乗れませんが、終わった後の達成感は、子供に自信をもたらしてくれるはず。ウォーターパーク利用者は、無料で参加できる。

MY FAVORITE SPOT
☑ ウォーターパーク ＠オンワード

「オーシャンZIP」宿泊者・1日会員ともに追加料金なし　身長122cm以上　日本語○　MAP：P124 A-3

グアム初のトランポリンパーク！NEW OPENの「スカイゾーン」

左／自由にトランポリンが楽しめるエリア。右／棒状のスポンジで相手をステージの上から落とすゲームができるエリア。

グアムリピーターなら目新しいスポットも！

タモン地区ではなく、ハガニア地区なので、初グアムという人よりは、グアムの新たな楽しみ方を探している人向け。いろいろな種類の遊びができるので、大人も子供も一緒に楽しめます。

MY FAVORITE SPOT
☑ スカイ ゾーン

「SKY ZONE」ひとり60分$16、90分$20、120分$24（靴下は必ず購入$2）　ハガニヤシャトルバス（ひとり$10、5歳まで無料）バス停「アガニャショッピングセンター」で下車後、徒歩すぐ　営10:00〜21:00　無休　www.skyzone.com/guam（英語）　MAP：P124 A-1

「ココキッズファンラン」でマラソンデビュー？

4歳から13歳までが参加可能で、距離は年齢別に1〜3km。イパオビーチ沿いを走るコースも。小さな子供は親の併走も◎。翌日は大人のハーフマラソンが開催。

2018年は12月1日に開催！はやりの旅 RUN、いかが♡

多くのローカルキッズが参加する、地元でも人気の子供ランニングイベント。イパオビーチパーク集合なので、旅行者も行きやすいですよ。エア遊具や無料のお菓子があったりととにかく楽しい。

MY FAVORITE SPOT
☑ ココキッズファンラン

エントリー料金：¥2,000「グアム ココハーフマラソン」参加ランナーの子供は無料で参加可能。2018年エントリーは、夏ごろからグアム政府観光局ホームページにて開始予定　www.visitguam.com

タイミングが合えば、本場のハロウィンを体験

ハロウィン当日は宿泊ホテルでスタッフの仮装が楽しめることも。写真は「PICグアム」のスタッフ。

さすがアメリカ圏！本気の仮装っぷり

10月31日にもしグアムに滞在しているなら、仮装パーティにぜひ参加してみて。アメリカならではの盛り上がりを体感。仮装グッズは「Kマート」などで現地調達できます。

MY FAVORITE SPOT
☑ マイクロネシアモール

毎年10月31日19時〜ハロウィンイベントが開催。各ショップで「Trick or Treat」と言うとお菓子がもらえる。後半は仮装コンテストが開催。MAP：P124 C-3

☑ グアム プレミア アウトレット

毎年10月31日18時〜ハロウィンイベントが開催。各ショップで「Trick or Treat」と言うとお菓子がもらえる。MAP：P124 A-3

「マイクロネシアモール」で仮装している子供たちをキャッチ。仮装をきっかけに、ローカルの子供たちと交流してみるのも新鮮な経験です。

サンセット鑑賞はママの育児の原動力に

海に太陽が沈むサンセットタイム、沈んだ後のマジックアワー。日ごとに異なる空を楽しむ時間は、子供がいてもどうにか確保したいと思っています。この美しい景色を見たら、日中のバタバタとしたあれやこれやも忘れることができるし、また育児をがんばろうとやる気が湧いてくるんです。

写真は「ホテル・ニッコー・グアム」前のビーチからのサンセット。子連れだと落ち着いてサンセットを見るのが難しいもの…。私が使う"○○しながらテクニック"を下で紹介します。

10

どちらかというと私の楽しみなのですが…
子連れでも毎回美しいサンセットを味わいます

「ホテル・ニッコー・グアム」前のビーチ

「シェラトン・ラグーナ・グアム・リゾート」のインフィニティプール

MY BEST サンセットスポットはココ

グアムのサンセットはたいていどこから見てもきれいなのですが、中でも気に入っているのがこの2か所。どちらも遮るものがないので、海に沈む太陽をほぼ年中見ることができます。

子供と一緒でもどうにかサンセットが見たいから、"○○しながらワザ"を使います

【プールで遊びながら】
いちばん有効な手段はやっぱり遊びながら

プールからサンセットが見えるホテルなら、夕暮れどきを狙ってプールに誘い出します(笑)。これは「ウェスティン」。

【ショッピングしながら】
ベビーカーを押しながら見えた夕焼け

これは「Tギャラリア」付近でベビーカーを押していたとき。歩きながらでしたがピンクのグラデーションに感動。

【食事をしながら】
サンセットバーベキューに参加して夕日も食事も一気に

写真は「ホテル・ニッコー・グアム」のサンセットビーチバーベキュー。ファイヤーダンスも一緒に見られます。

【船に乗りながら】
「ビッグサンセットディナークルーズ」に参加

BGツアーズが開催するにツアーに参加して見たことも。イルカも見れ、釣りもできるから、子供も飽きません。

子供が大喜びする 屋内プレーパーク LIST

雨で水遊びができない日、買い物中に子供を気分転換させたいとき…。駆け込める屋内プレイパークを知っておくと便利です。私は自分が買い物をしたいときは、必ずあいだに子供が遊ぶ時間を取るようにしています。

11 ファンタスティックパーク
📍 マイクロネシアモール

フードコート横にある、メリーゴーランドやジェットコースター完備の室内遊園地

逆に遊ばせる時間がないときは、近くを通らないのが正解(笑)。キラキラした外観に子供は興味をもちます。

MY FAVORITE SPOT
「FUNTASTIC PARK」乗り物$1〜(カウンターにてチケット購入)、入場料なし バス停「マイクロネシアモール」で下車、2階フードコート隣 営10:30〜21:00 休クリスマス MAP：P124 C-3

12 ロリポップ
📍 マイクロネシアモール

親は外の椅子に座って見ていられる、乳幼児向けのプレイスペース

そこまで広くありませんが、滑り台やボールプールなど、子供の大好きなものばかり。赤ちゃん向けコーナーもあります。

MY FAVORITE SPOT
「lollipop」30分$8、60分$10、1日$19、要保護者同伴、保護者無料 ※要靴下着用 バス停「マイクロネシアモール」で下車、2階4番通路 営10:00〜21:00 休クリスマス MAP：P124 C-3

13 無料のミニキッズコーナー
📍 グアム プレミア アウトレット

アウトレットで買い物する日は途中で必ずここに立ち寄ります

> 通路にあるから立ち寄りやすい

囲いの内側には大人が座れるシートもあり。時間帯によっては混雑していますが、買い物途中の休憩にぴったり。

MY FAVORITE SPOT
「Kids Play Corner」身長105cm以下まで入場可、無料、要保護者同伴 バス停「グアム プレミア アウトレット」で下車、「グアム プレミア アウトレット」1階 営10:00〜21:00 無休 MAP：P124 A-3

14 GO PLAY
📍 マイクロネシアモールからタクシーで1分

英語に抵抗がないなら、話題のインドアアスレチックという選択も！

写真左上は、身長122cm以上向け「インフラッタブルゾーン」、右上はそれ以下向け「ユーキッズプレイルーム」

MY FAVORITE SPOT
「GO PLAY」60分$12、90分$15、1日$25、要保護者同伴、保護者規定人数以上$5 ※要靴下着用 Guam Tile Center Building, 114 Taitano St., Harmon Tamuning Guam 営10:00〜18:00(月〜木)、〜19:00(金)、11:00〜19:00(土)、12:00〜18:00(日) 無休 www.goplayguam.com(英語) MAP：P124 C-3

COLUMN

パパに子供を見てもらって、
たまにはリラックスするのもいいよね?!

ママの育児
ご褒美 SPA 4選

グアムで行くべき
人気 & NEW OPEN
のスパを紹介します！

グアムでいちばん予約が取りにくい
テワランスパ @デュシタニ グアム リゾート

ワールド・ラグジュアリー・スパ・アワード2017で、ベストラグジュアリーホテルスパを受賞した人気スパ。タイ式の強めのマッサージで、体の内側から疲れが解き放たれていきます。

5つ星ホテル「デュシタニ」にふさわしい、広々とした豪華なスパ。足を踏み入れた瞬間、スペシャル感にワクワク。タイの伝統的な技術を取り入れており、タイから来た熟練エステティシャン揃い。

Info／デュシタニ グアム リゾート内　⊗10：00〜22：00　無休　日本語○　テワラン シグネチャーマッサージ 90分 $190　MAP：P125 E-2

日本未上陸の新スポット
ラベンダースパ by ロクシタン
@ウェスティンリゾート・グアム

日本人スタッフ常駐で安心
オリーブスパ
@グアム リーフ＆オリーブスパ リゾート

広々736㎡のスパ
ナヴァサナ・スパ
@アウトリガー・グアム・ビーチ・リゾート

2017年にオープンしたばかりのスパ。贅沢にもロクシタンの製品を使ったトリートメントが受けられるのが魅力！

きめ細やかなカウンセリングがうれしいオリーブスパ。オールハンドのイタ気持ちいい施術で体の疲れもすっきり。

最新のスキンケア用品を使用し、世界各国の伝統的なトリートメントを取り入れた施術にうっとり。

Info／ウェスティンリゾート・グアム内　⊗9：00〜22：00　無休　日本語○　シグネチャートリートメント 130分 $250　MAP：P125 E-2

Info／グアム リーフ＆オリーブスパ リゾート内　⊗12：00〜24：00　無休　日本語○　全身アロマトリートメント 60分 $120　MAP：P125 E-2

Info／アウトリガー・グアム・ビーチ・リゾート内　⊗10：00〜22：00　無休　日本語○　ナヴァサナ シグネチャー マッサージ 80分 $145　MAP：P125 E-2

英語に抵抗がない今のうちに…グアムでプチ留学?!

小1 夏休み、1週間のサマースクールに行かせてみました！
ヒルトンキッズキャンプ

グアムでは、親から離れて子供だけで参加するアクティビティがあるのをご存知ですか？
小1の夏休み、息子がしゃべれる英語は挨拶と自己紹介だけという状態で、参加した体験談を紹介！

参加したのは、ホテル「ヒルトン」で行われた5日間$175（宿泊費別）の「KIDS CAMP」。「ヒルトン」に泊まり、8:00～17:00まで完全母子分離のサマースクール体験です。初日、会場へ行ってみると子供たちはほぼ全員ローカル。しかも30人近くいます。もちろん先生も英語。英語がわからない息子は私の元を離れません…。なので、しばらくは私も息子の隣に。少し時間が経ったら慣れてきたようで、先生にお任せしました。夕方、お迎えに行ったら、息子はニコニコ笑顔♪「楽しかった！また明日も行きたい！」と言ったのでひと安心。残り4日は毎日朝から夕方まで無事参加しました。お勉強タイムはないので、英語力が急にグンと伸びることはないですが、英語への抵抗は格段に少なくなったと思います。

サマースクールでやったこと（本人談）
- ☐ ホテルのフィットネスセンターでダンス
- ☐ プール遊び
- ☐ 英語のアニメ鑑賞
- ☐ クッキーデコレーション
- ☐ ホテル探検ツアー
- ☐ カードゲーム「UNO」

最初は少しドキドキしたけど、楽しかったよ！

キッズキャンプ、サマースクールは、こんなところでやっています！

※当日受付のパシフィック アイランド クラブ グアム 以外は、事前問い合わせまたは事前予約が必要です。

『ヒルトン グアム リゾート＆スパ』
6月～8月上旬の、グアムの子供の夏休み期間に開催される、「KIDS CAMP」。ホテルまでの送迎が必要なので、「ヒルトン」に泊まるのがラクチン。年齢5～12歳 月～金の8:00～17:00 5日間$175 ☎+1-671-646-1835

『グアム大学』
スポーツを通して英語に触れ合う「アドベンチャースポーツキャンプ」。6月～8月上旬に開催。グアム大学までの送迎が必要。年齢5～15歳 8:00～17:00 10日間$500（ランチ込/3日間から申込み可） www.uog.edu

『ハイアット リージェンシー グアム』
通年開催の「キャンプハイアット」。グアムの夏休みシーズンは、特別プログラムあり。年齢4～12歳 9:00～16:00 終日$85（ランチ・おやつ込み）、半日$60（ランチなし）※宿泊者以外は別料金

『アウトリガー・グアム・ビーチ・リゾート』
宿泊者限定の「コーラル・キッズクラブ」は屋内外アクティビティを実施。年齢5～12歳 9:00～17:00 終日$65、半日$35（昼食・おやつ込み） www.jp.outrigger.com/landing-pages/services/ogm-koko-kids-club

『フィエスタ リゾート グアム』
ホテル内にある語学学校アイテラスと提携して行う春・夏休みのスクール「English Club@Fiesta」。午前中は英会話、午後はアクティビティ。年齢3歳～ 9:00～15:00 1日$105（ランチ付き） www.englishclubfiesta.com

『パシフィック アイランド クラブ グアム』
ホテル宿泊者、1日会員が通年利用できる「キッズクラブ」。当日受付で、1日、午前、午後とコースが決まっています。年齢4～12歳 9:00～16:45 ホテル宿泊者と1日会員は追加料金なし（昼食代別途/希望者のみ）

『ウェスティン リゾート・グアム』
旅行者が託児所として使える、グアム政府認可の保育園「ハーモニーキッズ」。日本人スタッフ常駐。年齢0～12歳 月～土の8:00～19:00（2時間から）／0時間$40.2～ある30.4歳～$20/1時間あたり（昼食代別途） www.harmonykidsgu.com

『グアム リーフ＆オリーブスパ リゾート』
「リトルガーデン」グアム校。年齢3か月～13歳 月～金の7:30～18:00（2時間から） 年齢3～6か月$40・7か月～1歳$35・2～3歳$25・4～13歳$15/1時間あたり（昼食おやつ代別途） www.guamreef.com/facilities/

COLUMN

知っておくと安心！
私がとっさに使った&準備していった
子連れに役立つ英語フレーズ

◎ ホテル

ベッドガードを借りたいです。
Do you have bed guards(bed rails).

ミルク用のお湯をもらえますか？
Can I get some hot water(to mix baby formula)?

日本語が話せる人はいますか？
Do you have Japanese speaker?

◎ 買い物

試着してもいいですか？
Can I try this on?

いくらですか？
How much is it?

オムツは売っていますか？
Do you have diapers?

(May I help you?と言われて) 見ているだけです。
I'm just looking.Thank you.

◎ レストラン

子供用メニューはありますか？
Do you have a kid's menu?

ハイチェアはありますか？
Do you have a high chair?

取り皿をください。
Can I have a serving plate?

ジュースをこぼしてすみません。
I'm sorry my child spilled the juice.

◎ 遊び

アクティビティに参加できますか？
What's the age limit to do this activity?

息子／娘は3歳ですが、無料ですか？
My son/daughter is 3 years old, is he/she free?

覚えておくと便利な英単語

トイレ	restroom	両替	exchange
離乳食	baby food	ベビーカー	stroller
迷子	lost child	日焼け止め	sunscreen
ゴミ	rubbish	ビーチサンダル	slippers

日本語メニューはありますか？
Do you have a Japanese menu?

残った食事を持ち帰れますか？
Can I get a to go box?/Balutan please?

お手洗いはどこですか？
Where is the restroom?

病気やケガのときに使える英単語はこちら！
発音が難しいものも多いので、指差しでご活用ください！

腹痛	stomachache	発熱	fever / temperature	船酔い	seasick	切り傷	cut	救急車	ambulance
頭痛	headache	風邪	cold	喘息	asthma	転んだ	fell down	車酔い	carsick
歯痛	tooth pain	咳	cough	アレルギー	allergy	かゆい	itchy		
嘔吐	vomiting	熱中症	heat stroke	アトピー	atopic dermatitis / eczema	じんましん	hives / rash		
下痢	diarrhea	捻挫	sprain	過度の日焼け	sunburn	薬	medicine		
吐き気	nausea	病院	clinic / doctor's office	痛い	painful / hurt	保険	insurance		

助けてください。
I need help.

子供用の風邪薬はありますか？
Do you have any cold medicine for kids?

病院へ行きたいです。
I would like to see a doctor.

息子／娘がケガをしました。
My son/daughter got injured.

息子／娘は食欲がありません。
My son/daughter has no appetite.

2日前から熱があります。
I have a fever from 2 days ago.

珊瑚に当たって足をケガをしました。
I cut my foot touching the coral.

少しよくなりました。
I feel much better.

息子／娘は○○にアレルギーをもっています。
My son/daughter is allergic to ○○.

日本人医師のいる病院なら、日本語で診察OK

日本人医師、大磯先生をはじめ、全員が日本人スタッフのクリニック。だから、細かい病状やけがの経緯などをすべて日本語で説明できて安心なんです。さらには、海外旅行保険に加入していれば、支払いなしで診察が可能（キャッシュレス対応）。クレジットカードの付帯保険も対応できるので相談してみてください。実費での診察の場合、現金または、クレジットカード（VISA、MASTER、JCB、ダイナースなど）で支払えます。

グアム旅行者クリニック Guam Travelers' Clinic

診療：内科、小児科　月〜金曜日9:00〜12:00、13:00〜17:00　土曜日/日曜日/祝日休診
☎647-7771（受付時間 08:00〜22:00／日本語対応）　完全予約制　※時間外や休診日の診療は電話にて相談。（自分の携帯からかける場合、この番号で繋がらなければ、頭に+1-671をつけてください）　住所：1051 Pale San Vitores Rd., Suite 106, Tamuning, Guam 96913（タモンサンズプラザ向かい）www.guamclinic.com　MAP：P125 D-2

▶ 旅の目的のひとつは写真！ **子供と行けるグアム**

グアムのインスタスポットがどんどん増えています！ 私も子供と行けるフォトジェニックスポット

「グアム リーフ&オリーブ スパ リゾート」
前の GUAM モニュメント

今や定番スポット。子供を立たせる場所も腕の見せどころ。最近REEFモニュメントも登場。MAP：P125 E-2

「セイルズバーベキュー」の
ミントグリーンの壁

「ザ・プラザ」の横の道を海方向へ下るとあるレストランの壁は色がキュート。MAP：P125 E-2

「ナナズカフェ」の 横から
タモンビーチに出る路地

生い茂るグリーンがおりなす木漏れ日の効果で、雰囲気のある写真が撮れます。MAP：P125 E-2

「タモントレードセンター」の
ピンクの建物

人気No.1のココはいろいろな撮り方ができる。バス停「タモンサンプラザ前」から徒歩。MAP：P125 D-2

「アルパンビーチクラブ」の
ピンクのバス

ここのオプショナルツアーに参加したらぜひ撮影して。ピンクの壁や階段もあります。MAP：P124 A-3

タモンビーチに並ぶ
カラフルなパラソル前

場所によってパラソルの色が異なります。服の色とリンクさせて遊んでも◎。MAP：P125 D-2

「フィエスタ リゾート グアム」前の
ビーチ

ホテル内にある「ハーゲンダッツ」でアイスを買って、ビーチにダッシュ！ MAP：P125 D-2

「フィッシュアイマリンパーク」の
長い桟橋

両サイドに青い海が広がる桟橋、後ろ姿でも絵になります。桟橋に入れるのは入場者のみ。MAP：P124 A-1

マタパンビーチの
砂浜

マタパンビーチは、タモンビーチの真ん中あたり。人が少ないので写真が撮りやすい。MAP：P124 B-3

の #フォトジェニックスポット

トを探してみました。

SUNSET

アルパット島をバックにした
サンセット

サンセット時間に「オンワード」前のビーチで撮影。シルエットと構図を考えてみて。MAP：P124 A-2

ハンバーガー店
「メスクラドス」にある壁

店名がダイナミックに描かれた壁。チャーミングな店員さんがモデルになってくれました。MAP：P125 E-2

街中にある
ローカルのバス停

かわいい色使いのバス停も定番の写真スポット。人気レストラン「プロア」の近く。MAP：P124 C-2

「パシフィック アイランド クラブ グアム」
の壁

宿泊者は、ここで撮影した写真をSNSに投稿すると、フロントでギフトシールがもらえます。MAP：P125 C-2

イパオビーチの
海の中

私はまだ成功していませんが、シュノーケリングする子供と魚をフレームに収めたい♡ MAP：P124 B-3

恋人岬の
展望台

展望台の上から海をバックに撮るとブルーグラデーションが広がって。ほかにもスポット多数。MAP：P124 C-2

ちなみに…

私の水中カメラ遍歴は
こんな感じ

最新は
GoPro

初グアムのときには、Aの使い捨てタイプの水中カメラを持参。グアムに定期的に行くようになったら、使い捨てはもったいないと1万円くらいでBの"ニコン"のカメラを購入。そのとき、グアムでのシュノーケリングに感動し、見たままの美しさを残したいと、Cの"リコー"を。最近、水中動画も撮りたくてDの"GoPro"もゲットしました。

最近はCとDのカメラが相棒。両方ともWi-Fiでスマホとリンクできるので、水中以外の写真もコレで撮っています。

家族みんなで撮るなら、やっぱり自撮り棒が重宝します！最近は100円ショップでも買えるので便利ですよね。

ファッション雑誌で活躍＆ファミリーフォトスタジオ経営

プロカメラマン直伝！
フォトジェニックな子供の写真の撮り方講座

せっかく写真映えするグアムで子供の写真を撮れるんだから、素敵な一枚を残したいもの。ファミリーフォトスタジオも経営する人気カメラマンの羽田 徹さんに教えてもらいました。

1 まずは子供を自由に遊ばせて、その隙に撮影

「はい、チーズ」とポーズをさせずに、遊んでいる様子を撮影してみて。子供の自然な表情を収めることができる。

2 子供の位置をあえてセンターからずらす構図に

記念写真は人物を真ん中にもってきたくなりますが、子供の位置を変えただけで、こんなにおしゃれに。正方形のときもこの構図は有効なのでやってみて。

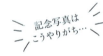
記念写真はこうやりがち…

3 子供の目線に合わせて低い位置から撮ってみる

ふだんより位置が下がるだけで新鮮な一枚に。同じ目線になると、きっと子供もリラックスできるはず。

水中カメラなら濡れるのも気にならない！

4 たまには手元などのパーツに寄ってみる

つい顔を撮りたくなるけれど、子供らしい手も今のうちに写真に収めて。グアムは光がきれいだから、パーツだけでも絵になる。

5 上から撮って、背景をすべて海にする

水面をバックにすると、キラキラして幻想的な雰囲気に。2のテクニックも併用し、子供の位置を中心より右にずらしています。

6 風も気にせず連射してみる

女の子なら、風で髪の毛が揺らめいて、ドラマティックな写真が撮れるかも。こればかりは風のタイミング次第なので、連射して偶然のベストショットを狙って。

現地で買えるレイを使うのもかわいい♡

7 グッと近くに寄ってみる

つい頭のてっぺんまできれいに入れたくなるところですが、それを気にせず、思いきり近寄ってみてください。髪の毛や肌の質感まで感じられる、イキイキとした写真に。

8 今度は、思いきり引いてみる

グアムの美しい背景を最大限に生かし、余白をたくさん残したカット。まるでポスターみたい！これはイパオビーチで撮影。天気のいい日にぜひチャレンジ。

PICK UP!
スマホレンズで広角に

最近豊富な専用レンズを取り付ければ、スマホでもグッと引いた広角写真が撮れる。着脱はワンタッチで、とても簡単。

9 ヤシの木や南国の花を入れてみる

南国ビーチらしい写真にするには、ヤシの木や花を入れるのが簡単。ガンビーチは低い位置にヤシの木があるので撮りやすいスポット。

10 後ろ姿を撮ってみる

（海のブルーと服の水色もリンクさせて）

子供の無防備な後ろ姿ってとってもかわいいんです。これも、「後ろから撮るよー」と言わずに、1のテクニックも使い、自然な様子を撮るのがおすすめです。

11 レイを使って前ボケ効果

プロカメラマンが撮影でよく使うのが"前ボケ"。カメラのレンズのすぐ近くでレイを持ってもらい、子供にピントを合わせて。レイが自然にボケ、フレームのような効果を発揮。

12 子供が飽きてきたらお菓子を投入！

日差しの強いグアムで撮影すると、子供は思いのほか体力を消耗するし、飽きてくることも。休憩がてらお菓子を投入。食べている姿もかわいいので、ぜひ撮ってみて。

教えてくれたのは… カメラマン 羽田 徹さん

Profile／有名ファッション雑誌のモデル撮影を手がける人気"イケメン"カメラマン。子供をあやすのが上手なので、いい表情の写真が撮れると経営のスタジオも大人気。

写真スタジオInfo／「メモリーズフォトスタジオ」www.memories-photostudio.com

Chapter | 4

子連れの食事は子供中心

体にやさしい！
長時間待たなくていい！ 子供が喜ぶ！

子連れグアムの
ご飯の選び方

"子供が小さければ小さいほど、食べられるお店の把握が成功のカギ"

ここで白状します——。息子が1歳で初めてグアムに行ったとき、みんな赤ちゃん連れでグアムに行っているから、食事もどうにかなるでしょう…とリサーチせずに行ったら、現地で食べさせられるものがなくて困りました…。ホテルの朝食ビュッフェは、白米や和食もあったので問題なかったのですが、ランチやディナーで外食になると、脂っこいものばかりで、シンプルなスチーム野菜や味つけの薄いものがまったくなかったんです。そして、このままではマズイと（当時、初めての子育てだったので、食に神経質になりすぎていたところもありますが…）、なんと「Kマート」で同時に蒸し野菜もつくれる炊飯器を購入！「ペイレススーパーマーケット」で野菜と白米を買って、コンドミニアムではない普通のホテルなのに、部屋で自炊をするという結果に…。今では笑い話ですが、当時は必死でした（トホホ）。結果、子連れ旅は事前リサーチが大事という教訓を得ました。でも、そのおかげでグアムの日本食レストランや、小さな子供が食べられるものに詳しくなれ、この本で皆さんの役に立てれば、そんな失敗も報われます…。

初グアムで **大失敗…**
現地で炊飯器を買うはめに…

スーパーで白米と野菜を買い、キッチンのないホテルの部屋で自炊。

★ Part.01 ★

離乳食中や、まだジャンクフードが食べられない子供に
乳児にも安心して食べさせられる便利フードLIST

私が大失敗をした初のグアム旅行を救ってくれた食べ物を中心に、最新情報もミックス。
離乳食・乳幼児食の時期からOKの"完全保存版"乳児向けフードLISTを紹介します。

— no.01 —
ABCストア
のそうめんやおにぎり

そうめん、おにぎり、ヨーグルト、バナナなど、乳児にうれしいフードがたくさん揃います。「ABCストア」はいたるところにあるので、気軽に買えるのも助かります。おにぎり各$2.09、スパムむすび$2.99、ヨーグルト$1.79、そうめん$4.59

DATA
ABC STORES／「パシフィックプレイス」、「ザ・プラザ」、「GPO」、「マイクロネシアモール」など観光客が行きやすい場所に多く。朝早くから遅くまで営業しているのも◎。無休

— no.02 —
ルビーチューズデー
のマッシュポテト＆蒸し野菜

1歳の息子に体にやさしい野菜を食べさせたい…。滞在中ずっとそう思っていたので、出合ったときは大感動。お肉などを頼んだときのサイドメニューですが、単品でもオーダーできます。スチームブロッコリー$4.99、マッシュポテト$4.99

DATA
Ruby Tuesday／バス停「グアム プレミア アウトレット」で下車後、徒歩すぐ 営10:30〜23:00（クリスマスは時間変更あり）無休 MAP 124A-3

— no.03 —
日本料理店「虹」
のうどん

初グアムで泊まったのが「ハイアット」。日本料理店があるのは助かり、滞在中何度も通いました。ここは日本人シェフがつくる日本料理のビュッフェで、なかでもうどんは息子も大喜びでした。ランチブッフェ$32、ディナーブッフェ$40

DATA
Niji／バス停「サンドキャッスル／ハイアットリージェンシー前」で下車後、徒歩3分 営ランチ11:30〜14:00、ディナー18:00〜21:00 無休 MAP 125E-2

— no.04 —
東京マート
お弁当＆お惣菜

／OBENTO!＼

DATA
Tokyo Mart／バス停「グアムプレミアアウトレット」で下車後、徒歩3分 営10:00〜20:00（月〜土）、10:00〜18:00（日）無休 MAP 124A-3

日本の食品を中心としたスーパーマーケット「東京マート」。ホテルの部屋でゆっくりと食べたいなら、日本人シェフがつくるお弁当が便利。食べなれた日本のお菓子やお茶も販売。鮭弁当$7.75、ひじき$1.99、ポテトサラダ$3.29

― no.05 ―

おにぎりセブン
のおにぎり＆豚汁

タモンの中心地にできたおにぎりスタンド。おにぎりには、こしひかりを使用。豚汁には野菜がたっぷりなのもありがたい。おにぎり左から：焼肉ビーフ＄1.75、ツナポキ＄2、鮭＄1.50、唐揚チキン＄1.75、豚汁＄3.50

DATA
Onigiri Seven Japanese Food Stand／バス停「ハイアットリージェンシー向かい」で下車後、徒歩すぐ ⏰7:00〜20:00 休日 MAP 125E-2

― no.06 ―

日本料理「弁慶」
のキッズメニュー

「ホテル・ニッコー・グアム」内にある「弁慶」でランチタイムに食べられる、かつどんとうどんセット。乳児だとまだかつや天ぷらは食べられなくても、味の染みたご飯とうどんがあれば十分です。かつどんとうどんセット＄13

DATA
Benkay／バス停「ホテルニッコーグアム」で下車後、すぐ ⏰キッズメニュー提供時間11:30〜14:00 無休 MAP 125E-1

赤ちゃんも食べやすいふんわりパン

やっぱりグアム、フルーツはひと袋の量が多いです！

― no.07 ―

「Kマート」と「ペイレス」
のフルーツとパン

やっぱり頼れるスーパーマーケット。おやつ用のフルーツや、グアムではなかなか見つからないふんわりパンをゲット。パンは"ELITE BAKERY"の食パン＄4.69と"AMERICAN BAKERY"のジャパニーズディナーロール＄5.89がイチ推し。

DATA
Kマート／バス停「Kマート」下車後、すぐ ⏰24時間営業 休クリスマス MAP 125C-3　ペイレス スーパーマーケット／詳しくはP116へ

YAKISOBA!

― no.08 ―

パンダ・エクスプレス
の焼きそば

子供が大好きなシンプルな焼きそばを食べるならココ。「グアムプレミア アウトレット」と「マイクロネシアモール」のフードコートに入っているので、小さな子連れで行きやすいのも利点。焼きそば（サイドメニュー／ミディアムサイズ）＄4.20

DATA
PANDA EXPRESS／詳しくはP95へ

ちなみに離乳食なら…

メジャーなGerberとオーガニックのSPROUTが安心

スーパーで購入可能。左／SPROUTオーガニック離乳食＄2.49　右／Gerber離乳食2個セット＄1.89

Part.02

子供が少々騒いでも気をつかいすぎなくて済む！ 待たずにすぐ出てくる！
2大フードコートで食べるならコレ！

旅行に来たからには、人気レストランを制覇したいという気持ちもありますが、子連れならカジュアルなフードコートで済ませるのもラクですよね。子供と食べられるフードコートのメニューをまとめました。

グアム プレミア アウトレット 通称GPO

10店以上のお店が並ぶ、GPOのフードコートは、いつもローカルや旅行者でにぎわっています。小さな子用のハイチェアも置いてあり、自由に使えます。日本語メニューがないお店もありますが、指差しでもOK。個人的にはココでは洋風メニューを頼むことが多いかも。

DATA
Guam Premier Outlet フードコート／バス停「グアム プレミア アウトレット」で下車後、すぐ。
⌚10：00〜21：00　無休　MAP 124A-3

チャーリーズフィリーステーキ
CHARLEYS PHILLY STEAKS

注文してから目の前でつくる絶品サンドイッチのお店。単品でも頼めますがセットでお得に。サイドメニューはチーズをかけたフライドポテト、飲み物はレモネードが我が家の定番。ポテトはほぼ息子に食べられます。

日本語メニューはありますが、日本語は通じないかも。チキンテリヤキサンドイッチ（スモール）・グルメフライズ（チーズ）・オリジナルレモネード（レギュラー）のセット価格$12.48

フーディーズ
FOODY'S

小さな子連れにうれしいお粥

ガソリンスタンドに併設しているコンビニとしてローカルのあいだで重宝されているお店で、GPO店は初の単独店舗。ただのコンビニではなく、気軽に食べられる温かいフードの販売が魅力。ここで買ったものはアウトレットのフードコートで食べられます。

スープは日替わりで、毎日3〜6種類用意。セルフサービスでカップに好きなスープをよそってレジへ。左／玉子スープ（12oz）$2.35 右前／チリビーンズスープ（12oz）$4.50 右奥／アロスカルド（12oz）$2.35　朝9時から24時まで営業。

どちらのフードコートにも入っているお店も！！

キッズメニューはおもちゃ付き

スバロ
sbarro

N.Y.スタイルのピザ屋さん。1ピースから買えるピザやラザニアもおいしいですが、おもちゃ付きのキッズメニューもおすすめ。付け合わせ用のロースト野菜もあるので、子供に野菜を補給させたいときにも。

パスタ、パン、ドリンク、おもちゃのセット、キッズミール スパゲティーラグー $4.95

タコベル
TACO BELL

今は日本にもお店がありますが、やっぱりおいしいタコス！ タコスのソースは、甘口の「マイルド」と辛口の「ホット」などからお好みで選べます。ナチョスは、たいてい子供とシェアして食べています。

ナチョスベルグランデ・タコシュープリーム・ドリンクのセット価格 $7.89

通称 MALL
マイクロネシアモール

2階の広いスペースに15店以上を構える「フィエスタフードコート」。グアムの伝統的なチャモロ料理から、アジアンまで多国籍メニューがずらり。テーブルと椅子が固定されたタイプなので、ベビーカーがあるときは座る位置を選びます。ハイチェアは自由に使えます。

DATA
Micronesia Mall Fiestaフードコート/バス停「マイクロネシアモール」で下車後、すぐ 営10:00～21:00 休クリスマス MAP 124C-3

ランビーズ / Rambie's

グアムのチャモロ料理とフィリピン家庭料理を扱うフードスタンド。ローカルにも大人気。ホッとひと息つける食べ物を求めるときはココへ。

キッズはチキンがゆ
ママは生姜スープ

左/フィリピン式のおかゆ「アロスカルド」。チキン風味なので、日本のものよりしっかりとした味わい。$5
右/フィリピン流の「ティノーラスープ」は、生姜がしっかりと効いた、元気を与えてくれる一品。$2.75

キッチンアリガトウ / Kitchen Arigato

店内に貼られた「日本の味」というポスターが印象的なお店。最初のころは通り過ぎていたのですが(笑)、店頭でイチ推しと言うチキンテリヤキを試食させてもらったらおいしくって。

タレが染みたご飯も最高

白米の上にテリヤキチキン、炒めたキャベツ、人参、ブロッコリーがのっています。大盛りなので子供とシェアして食べます。チキンテリヤキコンボ$6.99

タウベイフォー / Tou Bay Pho

ベトナムのフォーが食べられるお店。ラーメンのように脂っこくなく、やさしい味わいなので、食べられる子供も多いんじゃないかなと思います。

海老、チキン、モヤシなどが入ったフォー。パクチー不要の場合は、「Noパクチー」と伝えて。コンビネーションスープ(五目スープ) $9

ヤミーハウス / Yummy House

台湾料理のお店ですが、うどん、やきそば、チャーハンなど馴染みあるメニューが豊富。店頭にメニューのサンプルが並んでいるのも助かります。

オーソドックスな焼きうどん

日本の焼きうどんと同じような味つけです。これも量が多いので、シェアして食べるのがおすすめ。焼きうどん$9

パンダ・エクスプレス / PANDA EXPRESS

P93でも紹介したココは、時折行列ができる、ローカルにも人気の中華料理店。単品でも、主食1+メインのおかず2のようなセットでも頼めます。中にチーズが入った揚げ餃子「CREAM CHEESE RANGOON」も子供が好きな味。

焼きそばは「Chow Mein」という商品名。焼きそば(サイドメニュー/ミディアムサイズ)$4.20

ちなみに 食べ残してしまったら

ほとんどのお店で持ち帰り用のボックスをもらえます♪

持ち帰れば、小腹が減ったときのおやつに。最初から持ち帰り容器に入れてもらっても。

Part.03

パンケーキ、ファストフードにファミレス
グアムでも子供が喜ぶ鉄板フードは欠かせません！

子供が目をキラキラさせて喜び、子連れでも行きやすいのは、やっぱりパンケーキに、ファストフード、ファミリーレストランですよね。グアムのおすすめを紹介します。

(グアムで制覇したい 4大人気パンケーキ ♥)

アイホップ / IHOP

アメリカのカリフォルニア発の朝食メニューが一日中楽しめるレストラン。「ザ・プラザ」と「GPO」隣の2か所にあります。日本では食べられないのでぜひ。

DATA
タモン店／バス停「アウトリガー／ザ・プラザ前」で下車後、すぐ ☎7:00～22:00 無休 MAP 125E-2 タムニング店は ☎6:00～22:00 MAP 124A-3

上／ダブルブルーベリーパンケーキ（4枚）$8.99
下／ニューヨークチーズケーキパンケーキ（2枚）$5.99

ザ・クラックドエッグ / The Kracked Egg

木曜朝から日曜夜まで通し営業する珍しい営業時間のお店。6種類もの味から選べるふわふわのパンケーキは絶品。甘いもの好き以外も納得の卵料理が揃います。

卵料理専門店

左／自分で好きな味を選べるホットケーキメロディー（レッドベルベット、バターミルク、チョコレート）$10.95 右上／オムレツとピザをミックスしたようなチャモロフリッター$11.95 右下／スパムを使ったチャモロベネディクト$11.50

DATA
バス停「タモンサンズプラザ向かい／タモンベイセンター前」下車後、すぐ ☎5:00～20:00（月～木）、木曜5:00～日曜20:00まで通し営業 無休 MAP 125D-2

エッグスンシングス / Eggs'n Things

ご存知、大人気のパンケーキ店。南国で食べるとおいしさが倍増するのは気のせいでしょうか♡ キュートな見た目にきっと子供も大喜び。混雑具合はというと、日本ほど待たずに済む日が多いです。

DATA
バス停「ウェスティン前（リーフホテル）」下車後、すぐ ☎7:00～14:00、16:00～23:00 無休 MAP 125E-2

下／ストロベリー ホイップドクリーム＆マカダミアナッツ$13 上／見た目は地味だけど、ヤミツキになるおいしさ。ハワイアンスタイル ロコモコ$12.50

ホノルルコーヒー / HONOLULU COFFEE

オリジナルの生地で焼かれたモチモチ、フワフワの逸品。「タモンサンズプラザ」「ザ・プラザ」の2店舗がありますが、パンケーキが食べられるのは「タモンサンズプラザ」店だけ！

DATA
バス停「タモンサンズプラザ」下車 ☎9:30～22:00 無休 MAP 125D-2

フルーツたっぷりのレインボーパンケーキ$12.95

日本でも食べられるファストフードだけれど…ちょっぴり違うんです!

マクドナルド
McDonald's

子供向けのメニューは「ハッピーミール」と呼ばれ、日本と違うのはミニりんごが1個付くこと。大人はグアム限定の「スパム エッグ&ライス」はいかが?

DATA
バス停「JPスーパーストア前」下車後、すぐ ☎24時間営業 無休 MAP 125E-2

上/ハッピーミール(フライドチキン4ピース)$4.69
右/スパム エッグ&ライス $4.90

ケンタッキーフライドチキン
Kentucky Fried Chicken

「GPO」と「マイクロネシアモール」のフードコートにあるケンタッキー。ここにもおもちゃ付きの「キッズミール」があります。グアム限定の「フィエスタプレート」は、チャモロ料理のレッドライス付き。

DATA
GPO店・マイクロネシアモール店ともにフードコートにあり ☎10:00～21:00 (P94～95参照)

上/キッズミール $4.95
左/フィエスタプレート $9.25

子連れも多いファミレスは、やっぱり安心感が抜群!

キッズメニューはアイス&ドリンク付き

カプリチョーザ
Capricciosa

日本にもあるけれど、旅先でなじみのあるお店へ行くとやっぱり落ち着く。定番のパスタはもちろん、キッズメニューも充実。

DATA
左/パシフィックプレイス店 バス停「パシフィックプレイス」下車後、2Fへ ☎11:00～22:00 無休 MAP 125E-2 右/ロイヤルオーキッド店 バス停「パシフィックアイランドクラブグアム向かい」下車後、ロイヤルオーキッドグアム2F ☎11:00～22:00 無休 MAP 125C-2

塗り絵サービスあり。
上/キッズピザセット $8.50 [12歳以下]
右/大人には、シーフードスパゲティ $19.99

Pasta!

ルビーチューズデー
Ruby Tuesday

ステーキとハンバーガーのクオリティが高いファミレス。店内にはサラダバーもあるので、野菜不足になりそうなときに頼りたい!

DATA
バス停「グアム プレミア アウトレット」下車後、すぐ ☎10:30～23:00 無休 MAP 124A-3

上/キッズミール ミニバーガー $5.99、右/リブアイ ステーキ $31.79、蒸しブロッコリー $4.99、マッシュポテト $4.99

カリフォルニアピザキッチン
California PIZZA KITCHEN

子連れも多く、にぎやかなファミレス。看板メニューは、店内の窯で焼き上げるピザ。子供のピザづくり体験、「キッズツアー」もやっています。

DATA
バス停「ホリデーリゾート/フィエスタリゾート前」下車後、ホリデーリゾートグアム内 ☎11:00～22:00 (日～木)、～23:00 (金・土) 無休 MAP 125D-2

キッズ マッシュルーム ペパロニ ソーセージ ピザ(バニラアイス付き) $7.99

Part.04
せっかくグアムに来たんだから…たまには大人のリクエストも！
子連れでも行っておきたい 話題のレストラン

最近、食のレベルがメキメキと上がってきていると評判のグアム。なかでも、子供と一緒に行けそうなレストランをピックアップ。キッズメニューも探ってきました。

テラザ カフェ＆グリル
TERRAZA cafe & Grill

観光名所、恋人岬に新しくオープンしたカフェ。高台にあるので、テラス席から海を臨めば、美しいタモン湾を見下ろせるのがココのいちばんの魅力。絶景を眺め、オープンエアで風を感じながらの食事は最高！

GOOD LOOKING!

手前はキッズメニューのハンバーガー$7.95。大人には、ハンバーガーやグアム流のBBQが楽しめる「フィエスタプレート」がおすすめ。$15.95〜

So Beautiful

DATA
バス「恋人岬シャトル」、「恋人岬」下車後、すぐ ☎8:00〜19:00（月〜金）、9:00〜19:00（土・日）無休　MAP 124C-2

バンタイ
Ban Thai

定番のパッタイ

昔から、グアムでおいしいタイ料理といえば、まず名前があがるのがココ。タイ料理好きの私は（夫も子供も辛いのが苦手）、どうしても食べたくなって、お持ち帰りで買いに行き、ひとりホテルで食べたことも（笑）。

Yummy!

何を頼んでも大抵ハズレはありませんが、私がいつも頼むのは、トムヤンクンとパッタイ。

DATA
バス停「パシフィックベイホテル前（グランドプラザホテル）」下車、徒歩3分　☎ランチ10:30〜14:00（月〜土）、10:00〜14:00（日）ディナー17:00〜22:30（月〜木）、〜23:00（金・土）、〜22:00（日）㊡サンクスギビング、クリスマス　MAP 125D-2

ビーチンシュリンプ
BEACHIN' SHRIMP

エビを使った世界各国の料理が食べられるお店。「ザ・プラザ」にもお店がありますが、キッズメニューが食べられ、広々とした「PICグアム」前店がおすすめ。

クセになるおいしさ！

DATA
バス停「パシフィックアイランズクラブグアム向かい」下車後、すぐ ☎10:00〜22:00（日〜木）、〜23:00（金・土）無休　Map 124C-2

鉄板メニューは10時間以上煮込まれたコクのあるスープ、ビーチンシュリンプ。写真はパスタ入り $19.99

タシグリル
Tasi Grill

目の前にタモンビーチの絶景が広がるオープンエアのレストラン。開放的な空間なので、子連れでも気兼ねなく過ごせるのもいい。子供が飽きたらビーチや砂浜でひと遊びしても。

右上の写真はキッズメニューのホットドッグ。

ハンバーガーも絶品。

ソイ
SOI

タイのホテルチェーン「デュシタニ」の中にある本場タイレストラン。食事のおいしさもさることながら、大きな窓から見えるオーシャンビューやサンセットも堪能してほしいポイント。滞在していなくても訪れる価値あり。

辛くない子供が食べられるメニューも！

子供にはチキンやフライドライスのメニューも。

DATA

バス停「アウトリガー／ザ・プラザ前」下車、「デュシタニ グアム リゾート」3階
☎11:00〜14:00、17:00〜21:00 無休 MAP 125E-2

DATA

バス停「アウトリガー／ザ・プラザ前」下車、「デュシタニ グアム リゾート」グランドフロア
☎10:00〜20:00 無休 MAP 125E-2

クラッキン・キングクラブ 大人1名$48、キッズプレート（5〜11歳／えびフライ、チキンナゲットなど）$8.50

ナナズカフェ
Nana's Cafe

ナナズカフェのディナータイムに楽しめる「クラッキンクラブ」で、今話題の手づかみ食べに挑戦！ スパイシーなトマトソースはマイルドと辛口を選べますが、子供はキッズプレートを頼むのがよさそうです。

DATA

バス停「アウトリガー／ザ・プラザ前」下車、徒歩5分
☎18:00〜19:30、19:45〜21:15 無休 MAP 125E-2

パイオロジー
PIEOLOGY

「GPO」のすぐ近くに新しくできたピザレストラン。生地、チーズ、トッピングなど、すべての工程を自分で選んだ、焼きたてのピザがいただけます。子供が少し大きくなったら、一緒に選ぶのも楽しい♪

DATA

バス停「グアム プレミア アウトレット」下車、「GPO」向かい側 ☎11:00〜22:00 無休 MAP 124A-3

カスタムピザは$10.49。グルテンフリーの生地はプラス$2。サラダのカスタムオーダーもある。

Part.05

グアムと言えば、やっぱりお肉!
3大"肉"名店のメイン&キッズメニュー

「グアムのおすすめレストランを教えて?」と言われたら、この3店と答えるくらい、"グアムらしく"、かつおいしいお店。子供と一緒に食べられるよう、キッズメニューも紹介。

グアムの私的No.1フード!

GOOD TASTE!

プロア PROA

さすが名店とうなるほどココのBBQは本当においしい! たっぷりと味をしみこませて焼いたお肉は、きっと毎日食べても飽きません。待ち時間なしで入りたいなら予約は必須。飛び込みなら15、16時頃なら行列のない日も?!

DATA
バス停「イパオパーク/GVB前」下車後、徒歩1分 営11:00～22:00(15:00～18:00はBBQメニューのみの提供) 休イースター、サンクスギビング、クリスマス、正月 MAP 124C-2

左/3種類のお肉が入ったグアム流BBQ。プロアBBQビッグフェラートリオ$22.95 キッズメニュー 上/スパゲティ&ミートボール$7.95 下/チキンフィンガー$7.95 デザート/1カット$6.95

/デザートも絶品＼

メスクラドス Meskla Dos

行列ができる人気ハンバーガー店。以前は「Kマート」の向かいにしかなかったけれど、最近タモン中心地にできたので、旅行者もより行きやすく。バーガーコンテストで優勝している極ウマハンバーガー、食べれば納得の味。

DATA
バス停「パシフィックプレイス」下車後、すぐ。営11:00～22:00(日～木)、～23:00(金・土) 無休 MAP 125E-2

人気はスパイシーなクエテ チーズバーガー$9.25。キッズメニューは、フィッシュ&チップス$5.95やチーズバーガー$5.95

トニーローマ TONY ROMA'S

アメリカンなお肉を味わうなら"ベイビーバックリブ"が鉄板。手でほぐるほどやわらかいので子供も食べられます。特製のバーベキューソースもクセになるおいしさ。日本でも食べられますが、つい行ってしまいます。

DATA
バス停「パシフィックアイランズクラブグアム向かい」下車後、「ロイヤルオーキッドグアム」1階 営11:00～22:00(日～木)、～22:30(金・土) 無休 MAP 125C-2

＼塗り絵サービスも/

Rib Steak!

上/ベイビーバックリブ(ハーフ)$17 左/キッズメニューも豊富$6～

★ part.06

とは言え、そろそろヘルシーフードも食べたい気分…
実はグアムにもたくさんある"美"FOOD ♥

アメリカンなご飯で、グアムを存分に楽しむのもいいけれど、やっぱりママは美しくなれるヘルシーフードも気になりますよね。旅行者が買いに行きやすい美FOODを集めました。

Salad

ジーズグリーン カンティーン
Z's Green Canteen

運がよければ会える！ 写真映えするスムージー＆フードボウルのフードトラック。旅行者が会える可能性があるのはイパオビーチ。

DATA
フードトラックの出店場所はインスタグラム @zs_greencanteen でチェック(英語)

カラフルなフルーツや野菜をたっぷり使ったメニュー。フードトラックはグリーンが目印！

カフェチーノ
Caffe cino

野菜たっぷりのサラダ、アサイーボウル、グラノーラ入りヨーグルトやバナナプディング…。種類の豊富さが魅力。

DATA
バス停「ヒルトングアム」下車後、「ヒルトン グアム リゾート」1階
営24時間 無休 MAP 124C-1

FRESH!

リニューアルされたばかりの明るい店内でイートインもできるし、持ち帰りもOK。

インフュージョン
INFUSION

グアムのおしゃれカフェの先がけとなったお店。旅行者には少し不便な場所ですが、子供が少し大きくなったら♪

DATA
アッパータモン店／バス停「パシフィックプレイス」から徒歩12分 営6:00〜19:00 無休 MAP 124A-3
オカペイレス店／バス停「シェラトン」または「オンワード」から徒歩10分 営6:30〜19:00 無休 MAP 125E-2

上／キヌアサラダ $4.99
右／スーパーフードを使ったチアシードパフェ $4.75

ASAI BOWL

ホノルルコーヒー
Honolulu Coffee

コーヒーだけでなく、フルーツがたっぷりのったアサイーボウルも人気。ボリュームがあるので、これひとつで満足感あり！

DATA
タモンサンズプラザ店／バス停「タモンサンズプラザ」下車 営9:30〜22:00 無休 MAP 125D-2 「ザ・プラザ」にも店舗あり

レギュラーアサイーボウル $10.95
ドラゴンフルーツを使った話題のピタヤボウルも買えます。

ナッツ＆グレインズ
Nuts & Grains

DATA
バス停「シェラトン」または「オンワード」から徒歩10分、「ペイレス スーパーマーケット」裏 営10:00〜18:00(月〜金)、〜16:00(土) 休日 MAP 124A-3

1994年にオープンした老舗のオーガニックショップ。体にやさしい軽食、自然食品やスキンケア製品の販売もしています。

EAT HEALTHY!

グリーンピタパン $8.95、スムージー $4.95〜

Part.07

親子が笑顔になれる、甘いものを集めました！
見た目もかわいい絶品スイーツ12

COLORFUL

水遊びやお外遊びをしたあとに食べたいひんやりスイーツから、日本では食べられない極上デザートまで。見た目でも、味でも、笑顔がこぼれるスイーツをご紹介。

できたてはホッカホカ！

プレッツェルメーカー
PRETZEL MAKER

普通のプレッツェルもありますが、おすすめは子供も食べやすいひと口サイズのプレッツェルバイト。できたてをもらえるので、フッワフワでとってもおいしいんです。

DATA
バス停「マイクロネシアモール」下車、「マイクロネシアモール」2階 営10:00〜21:00 休クリスマス MAP 124C-3

注文したらその場で生地をカットしてつくってくれますよ。シナモンシュガープレッツェルバイツ(M) $6.50

ハファロハ
hafaloha

チャモロ語「ハファ・デイ」とハワイ語「アロハ」を掛け合わせたグアム発のファッションブランド。そのおしゃれな店内でシェイブアイスが買えるんです。フレーバーはなんと30種類以上！

DATA
バス停「パシフィックアイランドクラブグアム向かい」下車後、すぐ 営10:00〜21:00(日〜木)、〜22:00(金・土) 休クリスマス MAP 124C-2

迷ったらコレ！ストロベリー・パイナップル・ブルーベリーのスペシャルメニュー「レインボー」$6.25(Mサイズ)

パシフィック アイランドマンギ ポップス
Pacific island Mannge Pops

「ニッコー」の「ロビーラウンジファウンテン」店で買えるアイスキャンディは、グアム産を中心としたフルーツをふんだんに使用。素材の味を生かした、体にやさしいスイーツ。

DATA
バス停「ホテルニッコーグアム」下車、「ホテル・ニッコー・グアム」3階 ロビーフロア フロント横 営6:00〜24:00 無休 MAP 125E-1 ほかにも「ペイレス」で購入可。

1本$4。味はマンゴー、ウォーターメロン、ライチココナッツなど豊富です。

トゥッティフルッティ
Tutti Frutti

さっぱりとしたフローズンヨーグルトが1オンス$0.53〜量り売りで買えます。店内はセルフサービスなので、好きなフレーバーを好きなぶんだけ。

レバーを手前に！

レバーを手前に持ち上げると注げます。好きにトッピングをした後、レジに持っていきます。

カフェチーノ
Caffe Cino

濃厚な味わいのケーキがいただけます。いちばん人気は写真左のチーズケーキ！ベルギー人シェフ渾身、写真右のチョコケーキも絶品です。もちろん持ち帰りもできますよ。

手づくりのデニッシュベーカリーやクッキーも人気。息子のお気に入りはチョコチップクッキー。

DATA
バス停「ヒルトングアム」下車、「ヒルトン グアム リゾート」1階 営24時間 無休 MAP 124C-1

DATA
バス停「マイクロネシアモール」下車、「マイクロネシアモール」2階 営10:00〜21:00 休クリスマス MAP 124C-3

LOOKS PRETTY!

YUMMY!

上／フォレストベリータルト＄10　右／チョコレートにディップしたストロベリー3粒＄8

デュシットグルメ
Dusit Gourmet

甘すぎない上品なケーキが人気のこのお店。見た目もとってもかわいい♡　イートインスペースもあるので、「デュシタニ」の豪華絢爛な建物を堪能しながら味わうのもいいですよ。

DATA
バス停「アウトリガー／ザ・プラザ前」下車、「デュシタニ グアム リゾート」グランドフロア　営24時間　無休　MAP 125E-2

ハーゲンダッツ
Häagen Dazs

今や日本にはないハーゲンダッツのお店。グアムで思いきり堪能しちゃいましょう。カラフルなチョコスプレー付きのスペシャルコーンには、きっと子供も大喜び♪

DATA
バス停「ホリデーリゾート／フィエスタリゾート前」下車後、すぐ「フィエスタリゾート」1階　営10:00～23:00　無休　MAP 125D-2　「GPO」店もあり。

BEAUTIFUL

パフェのバナナダズラー＄9.50　1スクープスペシャリティワッフルコーン＄6.50

ドルチェフルッティジェラテリア
Dolce Frutti Gelateria

常時20種類以上が並ぶジェラート屋さんは、よく通る中心地にあるのでつい寄っちゃいます。暑いグアムではすぐ溶けるので、涼しい店内で食べられるのもうれしい。

Hi!

顔や手足が付いたかわいいジョイカップ＋ジェラート＄6.25　カップのみ＄4.50

DATA
バス停「アウトリガー／ザ・プラザ前」下車、「ザ・プラザ」1階　営10:00～22:00（日～木）、～22:30（金・土）　無休　MAP 125E-2

ロビーラウンジファウンテン
Lobby Lounge Fountain

常夏グアムでの滞在を涼しく、そしてやさしく癒やしてくれる、スノーミルクパウダー。粉雪のようにフワフワとしたミルクかき氷です。去年「ニッコー」に登場した新しいデザート。

DATA
バス停「ホテルニッコーグアム」下車、「ホテル・ニッコー・グアム」3階ロビーフロア フロント横　営6:00～22:00（月～木）、6:00～24:00（金～日）　無休　MAP 125E-1

スノーミルクパウダー＄8　味は、マンゴー、ココナッツパイナップル、フォーシーズンズの3種類。

フロストバイト
Frost Bite

味のついた氷を薄く層になるようにふんわり削る台湾式のかき氷。口に入れた瞬間、スッと溶けるので、案外ひとりで食べ切れます。味はマンゴー、パイナップルなど15種類以上。

ZOOOOM!

グッドマンチーズ
Gud Munchies

マイナス20度の鉄板の上でつくるロール状のアイスのお店。自分でベースのフレーバー、ミックスするフレーバー、トッピングを選んでもいいし、おすすめフレーバーにしても。

DATA
バス停「アウトリガー／ザ・プラザ前」下車後、「ザ・プラザ」内　営11:00～22:00　無休　MAP 125E-2

SO CUTE

タロイモベースのアイスに、ココナッツフレークやマシュマロをON。タロココナッツ＄7

ウィンチェルズ
Winchell's

おやつにぴったりのドーナツが1個＄1から。持ち帰り専用のお店ですが、数十種類のドーナツがショーケースに並ぶのでワクワク。スーパーでの買い物ついでに寄れるのも便利。

DATA
バス停「イパオパーク／GVB前」下車、徒歩1分　営8:00～19:00（火～木）、～21:00（金）、11:00～21:00（土）、～18:00（日）　休月　MAP 124C-2

スノーアイス（マンゴー／スモールサイズ）＄4.75　別料金で追加トッピングもできます。

DATA
バス停「マイクロネシアモール」下車後、「ペイレススーパーマーケット」入口　営5:00～22:00　休クリスマス　MAP 124C-3

Part.08

子供が好きなものだけを選んで食べられるホテルビュッフェをより有効活用

「サンデーブランチ」と「キッズイートフリー」がいい!

子連れでグアムに行って、いちばん便利な食事どころは、やっぱりホテルのビュッフェだったりします。そんなビュッフェをより活用する方法を紹介します。

「サンデーブランチ」とは…

多くのホテルのビュッフェレストランが日曜に開催する、昼食を兼ねた遅い朝食のこと。サンデーブランチなら、ふだん有料のアルコール類が飲み放題になる、大人にもうれしいサービスなんです。

たとえば ハイアット「カフェキッチン」なら

滞在日程に日曜が含まれていたら必ず訪れるお気に入りのサンデーブランチ。子供が食べられるメニューもしっかり揃っています!

これらのドリンクが無料!
- シャンパン
- 赤・白ワイン
- ビール
- コーヒー
- ジュース

DATA
バス停「サンドキャッスル/ハイアットリージェンシー前」下車後、「ハイアットリージェンシー」1階 営毎週日曜11:30〜14:30 13歳以上$52、6〜12歳$26、5歳まで無料 MAP 125E-2

他にもここでやっています!

* デュシタニ「アクア」
営毎週日曜11:30〜14:00 12歳以上$60、6〜11歳$22.50、5歳まで無料 MAP 125E-2 スパークリングワイン、ハイネケン、セレクトワイン、紅茶、コーヒー飲み放題

* シェラトン「ラ・カスカッタ」
営毎週日曜11:30〜14:00 12歳以上$40、6〜11歳$20、5歳まで無料 MAP 124A-2 シャンパン、ビール、紅茶、コーヒー、ジュース飲み放題

* ニッコー「マゼラン」
営毎週日曜11:00〜14:00 12歳以上$32、4〜11歳$15、3歳まで無料 MAP 125E-1 スパークリングワイン、ビール、紅茶、コーヒー、ジュース飲み放題

* ウェスティン「テイスト」
営毎週日曜11:00〜14:30 12歳以上$45、6〜11歳$22.50、5歳まで無料 MAP 125E-2 スパークリングワイン、アイスティー、コーヒー飲み放題

* ヒルトン「アイランダーテラス」
営毎週日曜11:00〜14:30 12歳以上$40、5〜11歳$20、4歳まで無料 MAP 124C-1 ワイン、ビール、アイスティー飲み放題

* ヒルトン「カフェチーノ」
営毎週土曜・日曜9:00〜13:00 エッグベネディクト、ハム&チーズサンドイッチなど各$15、1杯$5でモエシャンドンのシャンパン付き MAP 124C-1

「キッズイートフリー」とは…

特定の日に大人と一緒に食事をすると、ふだんは有料である子供の食事代が無料になる、子連れにはとってもうれしいサービス。大人1人に対して、子供1人が無料になることが多いです。

たとえば ヒルトン「アイランダーテラス」なら

通常は大人の半額の料金がかかる5〜11歳の子供の食事代。毎週水曜日は、大人1人に対して、11歳以下の子供1人が無料になります。

DATA
バス停「ヒルトングアム」下車、「ヒルトン」地下1階 営毎週水曜18:00〜21:00 12歳以上$30、11歳まで無料 MAP 124C-1

他にもここでやっています!

* ウェスティン「テイスト」
毎週日曜(食事テーマはファミリーファン)・月曜(食事テーマはステーキとカニ)のディナー(18:00〜21:00)は、大人1人に対して、11歳以下の子供1人が無料に。MAP 125E-2

* ウェスティン「プレゴ」
営毎週土曜日のランチ(11:30〜14:00)と、毎週日曜日のサンデーブランチ(11:00〜14:30)の時間帯は、大人1人に対して、11歳以下の子供1人が無料です。MAP 125E-2

ニッコー「マゼラン」では

ホテル・ニッコー・グアムでは、オーシャンフロントトリプル/オーシャンフロントデラックスの朝食付きプランを予約された場合、「マゼラン」での4〜11歳の子供の食事が朝・昼・晩とも無料に。

COLUMN

子連れご飯の豆知識 at GUAM

知っておくと便利です！

日本語メニューがあるお店多数

日本人旅行者が多いグアムだから、日本語メニューを用意しているお店もたくさんあって助かります。ただ、日本語を話せるスタッフがいない場合もあるので、もし注文するときに困ったら、指をさして「This」と言えばわかってくれるはず！

日本語の看板も見かけるので、安心感があります。これは「GPO」のフードコートにある「チャーリーズフィリーステーキ」。

オーダーするときは
Can I have〜 が決まり文句！
余った食べ物を持ち帰りたいときは
Can I get a to go box?

日本語や指差しでも注文はできますが、もし英語でスマートな印象をアピールするなら、Can I have〜? が便利。たとえば、ハンバーガーを注文したいなら、Can I have this Hamburger？ というように。また、量が多くて食べきれなかったときは持ち帰りできるお店がほとんどです。ちなみに、グアムには余ったものを持ち帰る「バルータン文化」があり、Balutan please? でも通じるそう。

たいていのお店では、こんな感じのふた付き容器と、ビニール袋をくれますよ。ちなみに英語でビニール袋はPlastic bagと言います。

グアムの一人前の量は 日本の1.5倍

グアムは、やっぱりアメリカ圏。1品1品がボリューミーなので、日本と同じ気持ちで注文をすると、おそらく食べきれなくて残すことになってしまいます…。子供が小さいうちは、キッズメニューを頼まず、子供が食べられそうなメニューを選び、シェアして食べるのでいいと思います。

BIG SIZE!

写真は、P98で紹介している「テラザ カフェ＆グリル」のフィエスタプレート$15.95。リブとチキンのBBQにレッドライスが2スクープ。これで1人前だから驚き！

食事のチップは10〜15%
チップのルール

食事のときもチップが必要ですが、最近は、あらかじめチップを取るシステムのお店も。伝票にチップやサービスチャージはいくらと書いてあればチップは不要。空欄になっていたら、クレジットカードの場合はチップと合計金額を自分で書き加え、現金ならチップをプラスした金額を払います。加えて、とてもよいサービスを受けたら、テーブルについてくれた方に直接現金を別に渡しても。

Check!

サービスチャージ10%とあるので、この場合はチップ不要。

チップが含まれていなければ、合計金額の10〜15%のチップを記載。

レストラン以外のチップについては P120へ

赤ちゃん連れはあると便利！
乳児のお食事セット

MUST HAVE!

1歳の息子を初めてグアムに連れて行ったときに役立ったのがこれら。フードカッターは食べ物をひと口サイズにカット。スプーンやフォークのセットは、子供向けのカトラリーがないお店で役立ちました。食事エプロンもあると、着替えをたくさん持ち歩かなくていいのでラクチンです。

これらをビニール袋にまとめて、いつもママバッグに忍ばせていました。

ソフトドリンクは
おかわりが無料?!

フードコートの店頭やレストランのメニュー表に、もし「REFILL」という文字があったら、おかわりできるということ。キッズメニューもおかわりできることが多いです。セルフサービスのドリンクバーではない場合、店員さんに「Refill please」と言えばOKです。

REFILLはおかわりの意味

この場合は、ドリンクを買ったときのレシートを見せたらおかわり無料という意味。一度限り無料のお店も、何度でも無料のお店があります。

"子供のおもちゃと私の夏服は たいていグアム旅行の戦利品"

旅先では買い物も楽しみのひとつ──。そう思っているママ、たくさんいますよね。これもまた意外に思われるかもしれませんが、実はグアムって買い物にもぴったりの場所なんです。子供服や靴、おもちゃ、自分の服やブランド品まで、なんでも見つかります。その結果、おもちゃ、息子と私の夏服はたいていグアムで買ってきたものです。"ティファニー"や"ラルフローレン"などのアメリカブランドも日本より安いので、グアムを訪れるたびに買い足しています。さらには、ハイブランドショップでも掘り出しものが多いんですよ。私自身、ずっと欲しかったストールに出合えたし、友人は、日本では見たことがないくらい某ブランドのバッグの種類が豊富だったと言っていました。というわけで、ここではグアムの7大ショッピングスポット別に、知っておくと便利な小ネタをまとめました。今では息子とふたりだけでもグアムに行く私が、子供と一緒にいながらも、ちゃっかりと買い物の時間をもつにはどうしているのかも交えながら…。

theme 5 More Shopping!

たとえば、これまでにこんな物をグアムで買いました！

グアムの7大ショッピングスポットMAP

タモンサンズプラザ （P110へ）

グアムではココにしか入っていない
ブランドショップも多数！

●主要ショップ
- ☑ ルイ・ヴィトン ☑ グッチ ☑ クロエ
- ☑ バレンシアガ ☑ ジバンシィ ☑ ボッテガベネタ

🕙 10:00～22:00

公共バスルート＆所要時間

ザ・プラザから グアム プレミア アウトレット 約35分

タモンサンズプラザ

グアム プレミア アウトレット

約10分

Kマート

グアム プレミア アウトレット （P112へ）

グアム唯一のアウトレット。
子供もママも納得のお買い得品多数！

●主要ショップ
- ☑ ロス・ドレス・フォー・レス ☑ カルバンクライン
- ☑ トミーフィルフィガー（子供服あり） ☑ ナチュラル バイ ニナ（コスメ）
- ☑ トゥインクルズ（おもちゃ屋） ☑ ベストセラー（子供の本あり）
- ☑ ナインウエスト ☑ フォーエバー21

🕙 10:00～21:00

Kマート （P111へ）

おもちゃからおみやげまで。
24時間オープンの巨大スーパー

●買えるもの
- ☑ 子供の服や靴 ☑ 水着・水遊びグッズ ☑ 食べ物
- ☑ おみやげ ☑ ベビー用品・ベビーカー ☑ 薬や絆創膏

🕙 24時間

グアム旅行者が気軽に訪れることのできる7つのショッピングスポットを紹介します。一緒に、旅行者が使う公共バスのルートも把握しておけば、効率よく買い物ができるようになりますよ。

ザ・プラザ （P110へ）

飲食店も多いから、買い物しながら効率よく休憩できる

● 主要ショップ
- ☑ グッチ
- ☑ リモワ
- ☑ フルラ
- ☑ コーチ
- ☑ シュガークッキー（コスメ）
- ☑ フォリ・フォリ

🕙 10:00～23:00

Tギャラリア グアム by DFS （P110へ）

ファッションもコスメもブランドものが目的ならいちばんにココへ

● 主要ショップ
- ☑ ルイ・ヴィトン
- ☑ ティファニー
- ☑ シャネル
- ☑ エルメス
- ☑ ケイト・スペード
- ☑ セリーヌ

🕙 10:00～23:00

JP スーパーストア （P112へ）

最新の子供用品も豊富なセレクトショップ

● 買えるもの
- ☑ 子供服、おもちゃ
- ☑ コスメ、おみやげ
- ☑ 大人服、靴

🕙 9:00～23:00

マイクロネシアモール （P111へ）

買い物だけでなく子供の遊び場も充実

● 主要ショップ
- ☑ メイシーズ（子供服あり）
- ☑ ペイレス スーパーマーケット
- ☑ K・Dトイズ（おもちゃ屋）

🕙 10:00～21:00

SHOPPING ☑

各ショッピングスポットで
知っておくと得する私的ルール

子連れ旅行の限られた時間の中でも、効率よく、お得に買い物ができたら、旅行の満足度も上がるもの。これまでかき集めたいろんなネタを詰め込みました。

#1 Tギャラリア グアム by DFS
T GALLERIA GUAM BY DFS

POINT.1 ホテルから「Tギャラリア」まで タクシー片道無料
主要ホテルから「Tギャラリア」まで往路が無料になるサービスがあります。到着後、ドライバーと館内カウンターへ行き、受付をすればOK。

POINT.2 「Tギャラリア」⇔一部ホテル間の 無料バスがある
「Tギャラリア・エクスプレス」にはルートA(ニッコー、ウェスティンなど)とルートB(フィエスタ、PIC、ヒルトンなど)が。20〜30分間隔。

POINT.3 アメリカ圏だから アメリカブランドが日本より安い
毎回チェックするのはアメリカブランド"ティファニー"。日本より、空港免税店よりも安い気がします。子供とグアムに来た思い出にと少しずつ買っています。

POINT.4 ブランドアイテムは 日本より 種類が豊富かも?!
日本未入荷商品に出会えたり、日本より格段に種類が豊富だったり。日本では値下げしないブランドがセールになっていたりすることも。

POINT.5 コスメも豊富。 日本より お得なものも!
コスメ売り場にもたくさんのブランドが。愛用している"ジョー マローン ロンドン"の香水が日本よりお得だったのでまとめ買いしたことも。

my favorite

#2 タモンサンズプラザ
TUMON SANDS PLAZA

POINT.1 「GPO」まで スムーズに行ける シャトルバスがある

「タモンサンズプラザ」と「GPO」を結ぶ無料バスがあり、多くの場所を経由せずに向かうので、タイムロス少なく買い物スポットを巡れます。

POINT.2 公式ウェブサイトで 予約すれば、 BMWがお迎えに
BMWがホテルまで無料でお迎えに来てくれるサービスが現在試せるんです。

事前予約
www.tumonsandsguam.com/rsvp-transport

POINT.3 館内で使用できる ベビーカーを借りられる
カスタマーサービスでは、3歳まで使用できるベビーカーを無料で借りられます。館内でのショッピングがスムーズに。(台数に限りあり)

#3 ザ・プラザ
THE PLAZA

POINT.1 JCBカードホルダーは優待クーポンをゲット
JCBのクレジットカードを持って、2階のJCBプラザ ラウンジ・グアムへ。たくさんの店で使える優待クーポンがもらえます。

POINT.2 「レアレア スーパーキッズ ラウンジ」が使える
6か月〜12歳(小学生まで)の子供(保護者同伴)が使えるから買い物の休憩にも。H.I.S.ツアー利用者は無料(一部除外商品あり)、それ以外でも2時間$1。

POINT.3 「デュシタニ」&「アウトリガー」と直結。 隙間時間で買い物が!
このふたつのホテルに泊まっているなら、スコールが降っていても、濡れずに「ザ・プラザ」へ買い物に行けます。

#4 マイクロネシアモール

MICRONESIA MALL

POINT.1
インフォメーションでGet!
「メイシーズ」割引クーポン

いつもインフォメーションカウンターで最初にもらうのがコレ。「メイシーズ」での買い物がだれでも10％引きに。(一部除外商品あり)

POINT.2
車形のカートが借りられる!

1人用$5、2人用$8、それ以外に保証金の$5も一緒に支払う。返却時に保証金は返ってきます。貸出・返却は館内2か所。

POINT.3
「メイシーズ」では"ラルフ"の子供服とパジャマをGet

"ラルフローレン"の子供服は安いので毎回必ずチェックします。この"ローレン・ラルフローレン"のパジャマはセールで約$30で買えたお気に入りです。

POINT.4
室内遊園地があるから子供も大喜び

P82でも紹介していますが、フードコートの横にある遊び場。私が買い物しているあいだ、ココとフードコートがあればパパに安心して任せられます(笑)。

POINT.5
巨大な仕掛け装置に子供が夢中

ジーッと見入るくらい、子供の心を掴む「ピタゴラスイッチ」のような装置。買い物以外の施設の充実が子連れには助かる。

POINT.6
"UGG"を日本より安く買うなら
[ステップ with ファッション]

"UGG Australia"のグアム唯一の公認代理店がこのお店。大人用も子供用もあるので、お目当てがある人は覗いてみて。

Very useful

POINT.7
お誕生日祝いの風船を買うなら
[Balloon Art]

カラフルでかわいいデコレーションバルーンを扱うお店が2階4番通路に。日本語がわかる店員さんも時々いらっしゃいます。

#5 Kマート

K-MART

POINT.1
ベビーカーが欲しくなったら約$30

ベビーカーを持参しなかったけど、やっぱり欲しいとなったら簡易タイプを現地調達という手段も。ベビーカーは英語で「ストローラー」。

POINT.2
フォトジェニックな大きな浮き輪も

photo genic!

こんな浮き輪も日本より安い。持って帰るのは大変ですが、種類が多いのでお気に入りが見つかるかも。右の巨大スワンは$56.99。

POINT.3
バラまき土産が安く買える

お土産に困ったら味にハズレがない「m&m's」をおみやげにしています。日本にないミント味やNEWマークが付いた新フレーバーを中心に。

POINT.4
高SPFの日焼け止めと歯のホワイトニングはマストBUY!

グアムではなんと、珍しいSPF100を超えるものが見つかります。また歯のホワイトニングアイテムも豊富なので、狙い目です。

POINT.5
ハロウィン クリスマス時期はアイテムが豊富

イベントシーズン前に行くなら、グッズを調達するのも手。イベント翌日には値下げするので、翌年用に買っておくのもいいかも?!

POINT.6
ピザやラザニア…。意外と使えるフードコート

入り口を入ってすぐ左手にあるフードコート、穴場です。いろんな買い物スポットを回って、お昼を食べ損ねたときにも便利。

POINT.7
レジの後は出口でレシートを出してチェック

"コストコ式"と言うのでしょうか。レジでお会計を終えた後は、出口前にいる係員にレシートを見せ、チェックを受けます。

#6 JP スーパーストア
JP SUPERSTORE

POINT.1 話題のベビー&キッズ アイテムが豊富

グアムでいちばん最先端の商品があると言っても過言ではないお店。子供グッズにも注力しており、最新の"エルゴ"も発掘。

POINT.2 目新しいアイテムが定期的に入荷！

子供のおもちゃの品揃えもさすが。アメリカの最新のものが定期的に入荷されるそうで、いつ行っても目新しいものがたくさんあります。

POINT.3 MADE IN GUAM のお土産コーナーは必見

グアムらしいお土産を探すなら、グアム特産品を集めたコーナーへ。ココでの人気は、ビスケットをチョコでコーティングしたお菓子。

#7 グアム プレミア アウトレット
GUAM PREMIER OUTLETS (GPO)

POINT.1 子供用のかわいいカートが借りられる

インフォメーションで受付。保証金または顔写真付き身分証明書を返却時まで預ける必要があります。1人用$5、2人用$10。

POINT.2 人気の「ロス・ドレス・フォー・レス」は朝イチがおすすめ

実はアウトレットが開店するより前、朝6時に「ロス」はオープン。地元の方は品揃えがいちばんよい朝イチを狙って早くから行っています。

POINT.3 疲れたら、無料のプレイコーナーでひと休み

子供をずっと買い物に付き合わせるのは難しいと割りきっていて…。ときどき無料の遊びコーナーにサクッと連れていき気分転換をさせています。

ちなみに 困ったときは[ABCストア]が使えます！

グアムのコンビニ的存在。島内に8店舗あり、アクセスしやすいから便利なんです。

急に子供がお腹空いたと言ったら…

おにぎりやサンドイッチ、フルーツ、麺類まで、軽食になるものがたくさんあります。

日本で買えないレアものを探したいなら…

グアムにはスタバ直営店舗はないのですが、日本未発売のビン入りドリンクがあります。frappuccinoという商品です。

子供がケガをしちゃったら…

プリンセスやヒーローなどの絆創膏が売られています。ちょっとしたケガなら、子供の機嫌回復に役立つかも！

日焼け止めを忘れたら…

紫外線の強いグアムではマストアイテムの日焼け止めをもし忘れてしまっても、ここに駆け込めば大丈夫！ 子供用もあります。

お土産の買い忘れに気づいたら…

帰国日に買い忘れが発覚しても、アクセスがよいから調達可能。箱入りのお土産やお菓子、南国フレーバーのリップクリームまで揃います。

子供のおやつを買いたくなったら…

「ABCストア」はお菓子の種類もとっても豊富。赤ちゃん向けから、アメリカンなカラフルなお菓子まで、ずらりと並んでいます。

滞在中、何度も足を運んでしまうほど大好きなお店！

「ロス・ドレス・フォー・レス」活用術

朝早くから開いているココに行きたいがために、タクシーで行きやすい近くのホテルに滞在するほど偏愛しているお店。そのお店の魅力と使い方を紹介します。

Good bargain

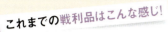
これまでの戦利品はこんな感じ！

子供や自分の靴から、日用品やお茶まで、なんでもアウトレット価格で揃います。実はグアムのロスは全米No.1の売り上げを誇るのだそう！だから充実の品揃えなんですね！

子連れで効率のよいお店の回り方

1 私がまず向かうのは
子供のおもちゃコーナー

買い物カートに子供を乗せたら、おもちゃを見に。子供がお気に入りを見つけて、カートで夢中になっている隙にほかのコーナーへ。

2 商品はほぼ1点もの！
気になったものはカートへ

次に、おもちゃ売り場近くの子供服・子供靴コーナーをチェック。迷ったものもとりあえずカートに入れてキープします。

3 自分的に優先順位の高い
靴コーナーをチェック

"ケイトスペード"や"コーチ"など素敵なブランドの靴が見つかることがあるので、先にチェック。余裕があれば洋服も。

4 おもちゃコーナーに
戻って再度物色

子供が飽きる頃だから再度おもちゃを見に。だれかが戻した目新しいものに出合えることも。ちなみに、クリスマス直前のおもちゃ売り場は、地元の人のギフト需要でこんなにガラガラ。

5 試着するときは、希望のものを
入り口前のバーにかけて

洋服をバーにかけると、店員さんが点数を数え、点数プレートをくれます。試着が終わった後もバーに洋服をかけ、買うものだけ持って行きます。

6 時間に余裕があれば
インテリアコーナーも

クッションや布団カバー、インテリアグッズ。コスメにもかわいいものがあるので、子供がまだつき合えそうならチェック。

SHOP INFO

GPO店
朝早くから行くのがおすすめ。正面入り口は開いていないので、ロス側から入って。バス停「グアム プレミア アウトレット」下車、1階 ☎6:00～25:00 無休 MAP 124A-3

マイクロネシアモール店
2017年にオープンしたばかりの2号店。バス停「マイクロネシアモール」下車、1階 ☎8:00～25:00（月～土）、8:00～23:30（日）無休 MAP 124C-3

SHOPPING ☑

子供のおもちゃを買いたいときは、ここに行っています!

子供との旅行中は、つい子供におもちゃを買ってもいいかなという気持ちになりますよね。日本では売っていないレアアイテム、日本より安いお買い得品を探す定番スポットです。

SPOT 1 おもちゃ屋さんは、GPOの「トゥインクルズ」とマイクロネシアモールの「K・Dトイズ」

SPOT 2 よいものに出合えるかは運しだい？でもお得な一品を探せる「ロス・ドレス・フォー・レス」が好き

トゥインクルズ

INFO バス停「グアム プレミア アウトレット」下車後、1階 営10:00～21:00 休クリスマス MAP 124A-3

赤ちゃんグッズから、水遊びアイテム、おもちゃ…幅広い品揃え。このときはベビーカーも発見。

K・Dトイズ

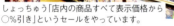

INFO バス停「マイクロネシアモール」下車後、2階 営10:00～21:00 休クリスマス MAP 124C-3

しょっちゅう「店内の商品すべて表示価格から◯%引き」というセールをやっています。

wow

基本的にはアウトレット品なので型落ちだと思いますが、とにかく安い。上のNERFは＄15でした。

INFO ロス・ドレス・フォー・レス GPO店／マイクロネシアモール店（P113参照）どちらも見ますが、おもちゃの種類はGPO店の方が多いと感じます。

SPOT 3 お土産を買うついでに見られるのが便利な「Kマート」

SPOT 4 子供の機嫌を保ちたい(笑)ときでも、サクッと買えて助かる「ABCストア」

おもちゃも充実しているので必ずチェックします。アメリカっぽい大型のおもちゃもあって、見るだけでも楽しい。

INFO バス停「Kマート」下車後、すぐ 営24時間 休クリスマス MAP 125C-3 「Tギャラリア」からの直通バスや、ショッピングセンターを回るシャトルを利用。

キャラクターの顔付きドリンクなど、子供が喜ぶちょっとしたものがあるから助かります。

INFO「パシフィックプレイス」、「マイクロネシアモール」、「グアムプレミアアウトレット」、「ザ・プラザ」、「PIC」前など、全8店舗。

買い物を堪能し、出発したときより荷物が増えてしまうのは旅行が楽しかった証拠！帰国しても役立つかわいいサブバッグを探しました！

荷物が増えたときや、お土産としても買いたい！ おしゃれサブバッグ Selection

Cute sub bags

＼ 大人っぽい デザイン ／
ペイレス スーパーマーケット
Ⓐ マチあり。このバッグを持参すると、商品代金から$0.05の割引をしてくれます。黄・緑／不織布 $0.99 黒／コーティング有 $1.50 店舗詳細はP117参照

＼ 大容量なのに $0.99！ ／
ロス・ドレス・フォー・レス
Ⓑ 肩がけできるのが◎。季節ごとに絵柄が変わります。これは11月に買ったのでクリスマス仕様。人気で品切れになることも。各$0.99 店舗詳細はP113参照

＼ モノトーンが おしゃれ！ ／
ロス・ドレス・フォー・レス
Ⓒ 私はアウトレット品としてこれを買ったのですが、ホテルの売店でも見かけました。GUAMの文字入りで、地元の方にも褒められます。店舗詳細はP113参照

＼ キャリータイプ も発見 ／
ABCストア
Ⓓ 青／小ぶりだけれどマチがたっぷり$2.99 黒／このまま転がせるので、荷物がかなり増えたときに重宝する$13.99 ☎店舗により異なる グアムに8店舗

＼ グアム限定 バージョンも！ ／
エッグスン シングス
Ⓔ 右／グアムの地図とチャモロ語入りのグアム限定品$20 左／おしゃれなビニール素材。持ち手もかわいい$25 ☎7:00～14:00、16:00～23:00 MAP 125E-2

＼ キュートな マンタモチーフ ／
オンワードの売店、 マイマート
Ⓕ マンタがかわいいキャンバスバッグは、ホテル「オンワードビーチリゾート」オリジナル。A4が入る大きさが便利$15 ☎8:30～23:00 MAP 124A-3

※値段・在庫は取材当時のものです。売り切れの際はご了承ください。

115

SHOPPING

ローカルにも愛される♡
「ペイレス スーパーマーケット」が

なんでも揃って、値段がお得で、オーガニック製品にも強いグアムのスーパー「ペイレス」

マイクロネシアモール店の外観。敷地内にあるけれど、モールとペイレスの入り口は異なる。

ペイレスの魅力は、オーガニック製品に強く、専門のコーナーがあること。グルテンフリーの商品も見つかります。

レジの奥にある「HAFA ADAI Village」は、グアムメイドのお土産や、I ♡ GUAMのグッズなどが手ごろな値段で買えます。

もちろん新鮮な野菜や果物もどっさり。私も初グアムの子供の食事は、ここにお世話になりました…(P91参照)

離乳食や赤ちゃんのお菓子、おむつ、お尻拭きなど、小さい子連れに役立つ商品も豊富。

とにかく使えるんです!

の魅力を紹介。店内は寒いのではおりもの必携で楽しんでください!

誕生日用に買った、息子が大好きな「アベンジャーズ」の飾り。子供に内緒で日本まで持ち帰り、当日サプライズで使用。$5.69

Laundry goods

たとえば、**こんなもの**が見つかります!

乾燥機を使うときに一緒に入れると、洗濯物がふわふわ&よい香り。"bounce"のドライヤーシート $3.75

ナチュラルな成分の"Mrs. MEYER'S"の柔軟剤 左/ラベンダーの香り $10.69 中・右/ブルーベルの香り・レモンの香り各 $10.79

洗濯機に洗濯物と一緒に入れ、いつも通り洗うだけで、シートが洋服の色移りを防いでくれる。"SHOUT"のカラーキャッチャー $5.95

中身を何度も入れ替えて使えるおしり拭きポーチ。カラフルさがCUTE。"HUGGIES"のおしり拭きシート付きポーチ $8.99

グアムでメジャーな掃除用除菌ウェットティッシュ。99.9%除菌。インフルエンザや花粉にもよいそうです。"CLOROX"の除菌ワイプ $3.89

グアムのお土産に、マンゴーやチョココーティングマンゴーもおすすめ。お土産らしい"箱入り"が便利。$10〜

グアム産にこだわらなければ、絶品の7Dマンゴー各 $3.29

グアムで人気のトロピカルフルーツのジュースの素。"Pick&Squeeze"のカラマンシーパウダー $17.49

日本のボーロのアメリカ版という感じかな。赤ちゃんお菓子。"Gerber"のPuffs $1.89

新しいフレーバーを見つけると必ず買ってしまいます。これはコーヒー味。"m&m's"のチョコレート $1.29

So Cute!

子供用のキュートな浮き輪も売っています。写真映えにもぴったり。"BESTWAY"の浮き輪各 $2.30

レジでは商品を自分でベルトコンベアに載せます

お会計時は、買い物かごから商品を自分で出して、レジのベルトコンベアに置きます。ちなみに、店内に日本語スタッフはいません。

「ペイレス スーパーマーケット」はグアムに8店舗。旅行者が行きやすいのはこの2店!

マイクロネシアモール
ペイレス スーパーマーケット

だれでも行きやすいのは、マイクロネシアモールに隣接するこちら。お酒も売っていますが買えるのは、朝9時〜深夜2時までなので注意して。

INFO バス停「マイクロネシアモール」下車、「マイクロネシアモール」1階2番入口横　24時間　クリスマス MAP 124C-3

オカ
ペイレス スーパーマーケット

シェラトンやオンワードに泊まっているなら、徒歩でこちらに行ってみては。昼間は暑さ対策をして歩いて。夜の徒歩はおすすめしません。

INFO バス停「シェラトン」または「オンワード」から徒歩10分　24時間　クリスマス MAP 124A-3

117

4 TIPS ✓

泊まるホテルやグアムでの過ごし方が決まった後は…

子連れ旅の不安を完全に払拭する4つのTips

最後は、私がこれまで実際に子供とグアムに行って悩んだこと、困ったことをベースにした、お役立ちネタをまとめます！

TIPS 1 スーツケースの中は、子供の荷物でパンパン…でもそれでいいんです！

パッキングで悩んでも、子供のものを減らすのはなし。子連れ旅はどんなときでも、大人が多少我慢する方がうまくいくと悟りました(笑)。

オムツと離乳食、子供の飲み物はけっこうかさばる！
子供が1歳でグアムに行ったときのスーツケースの中身がこんな感じでした。でもすべて消耗品なので、帰国時にはお土産スペースに。

小分けポーチに入れた荷物を、そのままクローゼットに入れるだけ
到着した日に、荷物はすべてクローゼットに収納。スーツケースは子供が手を挟んだら危ないので、開け閉めせずに、しまいます。

Our Suitcase

約100ℓの大容量
子供とのふたり旅でも対応できる特大サイズ（帰国時はパンパン）。夫も行くときは、荷物を手分けできるので、パッキングも余裕です。

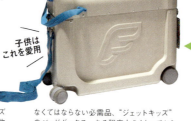

子供はこれを愛用
なくてはならない必需品、"ジェットキッズ"のベッドボックス。ある程度大きくなってから買いましたが、もっと早く知っていたかった。

> 私はこれで子連れ旅がグンと楽になりました！

足蹴りをし自分でスイスイ ／ 引っ張ってスイスイ ／ 機内でもラクラク

子供のスーツケースとして以外にも、何通りにも活躍する便利アイテム。乗り物代わりにして自分で進んでくれ、機内ではスツールやベッド代わりにも。※航空会社によっては機内で使えないこともあります。 問カマクラフト http://kamacraft.jp

| TIPS 2 | 出発から到着まで、事前にシミュレーションしておくことで、出発後の「あっ、失敗した!」を減らせます |

グアムの空港に到着するまでに、子連れだといったいどんなシーンが起こりえるのか。出発前に一度考えてみると、必要なものに気づけることもあります。私の機内持ち込みバッグの中身も一緒にお見せします。

Departure
旅行出発日をシミュレーション

自宅出発

いちばん忘れたら困るパスポートは、出発前に必ずチェック。機内持ち込みバッグには、万が一汚したときの子供の着替え、おむつ、ハンドタオル、防寒のストール、子供のおもちゃやお菓子などを入れます。「出発の2時間前」に空港に到着できるよう出発。

〈パスポート確認!〉

飛行場に到着

最初に搭乗手続き。出発時間の24時間前からできる「オンラインチェックイン」をしておくと、時間短縮になります。スーツケースは、TSAロックのもの以外は鍵を閉めずに預けます。両替をしていない場合は、空港にも両替所があります。携帯の充電器を忘れたらここで買って。子供のお手洗いも忘れずに。

日本出国審査

パスポートと航空券はここから何度も使うので、出し入れしやすい場所に。審査場へは液体物は持ち込めませんが、赤ちゃん連れの場合、特別に最低限の飲み物は許してもらえることがあります。私の場合ですが、マグに入れていた子供のお茶を、係員が匂いなどで確認した後、無事持ち込めたことも。

スマホの「モバイルデータ通信」をオフにしてから

「機内モード」をオンに!
機内モードをオフにした直後、現地でのデータ通信を避けるため、予めデータ通信はOFF。

搭乗前

飛行機に乗ってから、飲み物や食べ物が出てくるまで少し時間がかかるので、もしなにか買っておきたいなら、出国審査後、搭乗ゲートにつくまでの間に購入。子供のお手洗いもまたここで確認をしておきます。飛行機に乗る直前には、スマートフォンの「モバイルデータ通信」をオフにして「機内モード」の設定に。

搭乗

飛行機の高度が上がると機内は寒くなるので、子供にはこんな感じで毛布を着せたり、上着を着せたりします。毛布が足りないときは、客室乗務員の方にもう一枚毛布を頼みます。また、パーソナルモニターを見るイヤホンが子供の耳のサイズに合わない場合、「ヘッドセット」をお願いすれば貸してもらえることも。

愛用しているのは、"無印良品"のマザーバッグ。肩かけショルダーや複数の外ポケットが便利。これ以外に貴重品を入れる小バッグを斜めがけ。

Arrival

経験あります!
もし来ているはずのお迎えの人がいなかったら…
ツアーの場合はまず問題ありませんが、個人手配でホテルの送迎をお願いしていたとき。入国審査に時間がかかったせいか、お迎えの方を見つけられませんでした。ほかのホテルの人も一緒に探してくれたのですが見つからず、携帯でホテルに問い合わせ、無事合流できました。

グアム空港
無事、入国審査を乗り越え、空港の出口に向かうと、ツアー会社やホテルの担当者が自分の名前を書いたプレートを持って待ってくれているので、探して声をかけます。タクシーでホテルまで行きたい場合は、出口を出たら、左側へ進みます。お手洗いに行きたい場合は、必ずひとりはスーツケースを見守って。

グアム入国審査
子連れでいちばん大変なのは、ココではないかと…。なぜなら、飛行機の到着が重なったら入国審査場はかなりの大行列。子供を抱っこしたまま、約1.5時間並んだことも…。しかも審査場はスマホ禁止。自動販売機もないので、子供が喉が渇いたと言い出し困ったことも。以来、機内で飲み物を補充したマグを用意。

TIPS 3

12回の子連れグアムで知ったこと 便利帖

子連れ旅のちょっとした疑問や不安まで解消してノンストレスに出発！

子連れグアム旅行に関して、よく質問されること、これまでのパートで伝えきれなかったアレコレを盛り込みました。

USEFUL THINGS FOR TRAVEL #01

グアムでのチップは 10～15%。なにかしてもらったら$1ずつ

食事のチップに関しては、P105で書きましたが、それ以外でもチップは必要です。ホテルのベルスタッフの方が部屋までスーツケースを運んでくれたら、スーツケース1コにつき$1。「Thank you」と握手をしながら渡すことも。毎朝、ルームクリーニングの方へのお礼に、1人につき$1。家族3人で泊まったら、ベッドの枕元やサイドテーブルに$3置きます。万が一、子供がおねしょをしてしまったり、食べ物などで汚してしまったら余分に。タクシーを利用したら、メーターの料金にチップも加えたキリのいい金額を渡します。

USEFUL THINGS FOR TRAVEL #02

変圧器や変換プラグ不要。でも、電圧には注意

日本の電化製品のコンセントプラグは、変換プラグなしに、そのままグアムでも使えます。けれど電圧は違うので必ず確認してください。日本は100V、グアムは110〜120Vです。右上の写真にあるような対応電圧の表示を見て、入力100-240Vと書いてあればそのまま使えます。スマホやデジカメなどの充電器はたいてい使えると思います。ガラケーの場合、国内専用という表記を見たことがあるので注意が必要です。ちなみに、ホテルのコンセントは数が限られていることが多いので、タコ足ができる電源タップを持参すると便利です。

USEFUL THINGS FOR TRAVEL #03

スーツケースは鍵を開けたままがルール。TSAロックは閉めてOK

グアムはアメリカ圏なので、スーツケースを米国運輸保安局が検査。TSAロック対応のスーツケースなら自分で鍵を閉めていても、その係の人が開けられます。私のスーツケースはTSAロック未対応なので、TSAロック付きのベルトを購入。これまで帰国便で2回ほど無作為検査に引っかかりましたが、今のところ問題ありません。

USEFUL THINGS FOR TRAVEL #04

お手洗いのオムツ替えシートは比較的完備されています

ホテルの公共のお手洗い、大きなショッピングセンターのお手洗いには、たいていオムツ替えシートがあります。ショッピングセンターで、これまで見たことがあるのは、「Tギャラリア」「タモンサンズプラザ」「ザ・プラザ」「グアム プレミア アウトレット」「マイクロネシアモール」「Kマート」です。女性用だけでなく男性用にも。

USEFUL THINGS FOR TRAVEL #05

ベビーチェアは日本ほど種類や数が豊富ではないかも…

ホテルのレストランやラウンジはほぼハイチェア完備。外のレストランに行くと、あったりなかったり…。でもほかの国と比べると充実している方かも。上／「ホテル・ニッコー・グアム」の「マゼラン」、上から2番目／同ホテルのラウンジ、左下／「ハイアット リージェンシー グアム」の「虹」、右下／「デュシタニ グアム リゾート」のラウンジ。

USEFUL THINGS FOR TRAVEL #06

子連れでも自分の買い物をしたいなら、目的を事前に絞ります

子供とのグアム旅行は、買い物がメインイベントではないし、この本でも大人がある程度我慢して子供のペースに合わせる、とも書いてきました。でも、せっかく海外に来たのに、自分の買い物ができないのは悲しい。だから、たとえば絶対"ティファニー"のジュエリーは見たい、とか「グアム プレミア アウトレット」の「ロス」は見たいなど、自分の中で優先順位を決めておくようにしています。いちばん見たいものが叶うと、限られた時間でも満足感が高まります。ほかには、セールの割引率が高いところだけを優先して見る方法も。

USEFUL THINGS FOR TRAVEL #07

Wi-Fiルーター、私は毎回レンタルしています

グアムのホテルのロビーや客室、ショッピングセンターの中はフリーWi-Fiのところが増えてきました(いまだ、グアム空港にはフリーWi-Fiがありませんが…)。でも、私は調べたいことがあったときにすぐスマホで検索できる環境がいいので毎回借りています。よく使うのはグローバルWi-FiとJAL ABC。グアム現地の楽天ラウンジやシルミルWi-Fiでも借りたことがあります。

USEFUL THINGS FOR TRAVEL #08

12歳以下の子供をひとりきりにさせるとグアムでは法律違反！！

最近、「レンタカーに寝ている子供をひとりにしたまま親が買い物に行ってしまう旅行者」がときどき問題になるそうです。たった数分だったとしても、グアムでは法律違反なので、旅行者でも警察沙汰に…。ここまでやる人はあまりいないと思いますが、同じ店内でも子供が親のそばを離れて、ひとりで歩いているだけ…という状況。日本ではありがちですが、グアムではNGです。

USEFUL THINGS FOR TRAVEL　　　　# 09

横断歩道を渡りたいときは「押しボタン式」

グアムで横断歩道を渡りたいときは、近くにあるボタンをPush(押しても音が鳴るわけでもなく、ちゃんと押しているのかわかりづらい…)。信号の表示は、オレンジの手のマークの点灯が「止まれ」、白い歩行者マークが「進め」です。この後、オレンジの手のマークの横に数字のカウントダウンが一緒に出る表示に変化。カウントダウンのあいだに渡りきってください。

USEFUL THINGS FOR TRAVEL　　　　# 10

子供服を買いたいなら「ロス・ドレス・フォー・レス」か「メイシーズ」に行きます

いちばん最初に探すのは、とにかく安い「ロス・ドレス・フォー・レス」。宝探し状態ですが、運がよければ"ラルフローレン"や"カーターズ"などの服に半額以下のプライスで出合えるし、スパイダーマンなどのヒーローやプリンセスのプリントが入った洋服も見つかりやすいです。マイクロネシアモールにある「メイシーズ」では、子供ブランドごとにきれいに陳列されているので見やすいです。

USEFUL THINGS FOR TRAVEL　　　　# 11

海外旅行保険は安心のために入っている派です

クレジットカードに旅行保険が付帯しているから入らない人もいると思いますが、私は必ず入ります。というのも、子供も保険に入れたいから。子供の急な病気やケガに対応しておきたいし、万が一子供がホテルの備品やお店の商品を破損させてしまったとき「賠償責任」の補償があると助かります。今のところ保険のお世話になったことはないのですが、滞在中安心していられます。

USEFUL THINGS FOR TRAVEL　　　　# 12

記念日のお祝いは、宿泊ホテルで事前に手配可能です!

たとえば、「ニッコー」では、3日前までの連絡で8インチホールケーキ$35 (写真下)を、客室やレストランにてサプライズで用意。www.nikkoguam.com/restaurant_form/ で事前予約可。無料スライスケーキもあり。「ヒルトン」でも前日までの連絡で、無料でスライスケーキをプレゼント。ホールケーキは有料(写真上)。またどちらも、BBQの時間にダンサーと一緒のお祝いも大人気。

USEFUL THINGS FOR TRAVEL　　　　# 13

日本⇄グアム便のビジネスクラスは意外とよかった!

ここ最近、グアム便にも新しい飛行機の機材が投入され、なんと一部のビジネスクラスにはフルフラットのシートが登場! 3時間半にはとても贅沢ですが、子供が小学生になって行った弾丸旅行(P69参照)では元が取れたかなと。ここでぐっすり寝てくれたおかげで、深夜の到着でも乗り切れたから。

USEFUL THINGS FOR TRAVEL　　　　# 14

入国書類は、ESTAの有無で書く枚数が異なります

日本国籍の方が観光でグアムに行く場合、45日以内であればESTA(エスタ)は不要です。ですが、ESTAがあると入国書類が家族で1枚「グアム税関・検疫申請書」で済むし、グアム入国審査でもESTA専用レーンを使うことができます(まぁ、それでも混んでいる日があるのでタイミングしだいですが…)。ESTAはひとり14ドルで申請でき、2年間有効。ESTAがない場合は、「グアムビザ免除に関する情報」の記入も必要です。どちらも難しい内容はなく、パスポート番号、滞在ホテルの名前などになります。

USEFUL THINGS FOR TRAVEL　　　　# 15

もしお土産の買い忘れに気づいたら、グアム空港でGET

グアム空港に「LOTTE DUTY FREE」が入っているので、最後にここでお土産を買うことができます。ブランドショップも何店か入っているので、自分の買い物をしても。また、搭乗口付近には小さな売店もあり、子供のお菓子や写真右のようなグアムの魚図鑑シート$4なども買えます。

USEFUL THINGS FOR TRAVEL　　　　# 16

2019年オープン予定!ラグジュアリーな新規ホテルに注目

せっかく行くなら新しいホテルに泊まりたい…。それを叶えてくれるうれしい情報をゲット。2019年夏、「ニッコー」横に、地上26階建ての新ホテルがオープン予定。どんなホテルになるのか、今から楽しみに!

TIPS 4

グアムの公共バスを乗りこなすには
行き先とバスの種類をチェック

レンタカーを使わない旅では、島内の交通手段は主にシャトルバス。だから、効率よく移動するには、バスのルートや種類を把握するのが近道

いちばんよく使うのは
赤いシャトルバスの（タモンシャトル）

「タモンシャトル」は、赤い車体が特徴のトロリーバスで、ホテルが集中するタモンロードと主要ショッピングセンターを結びます。「マイクロネシアモール」から「グアム プレミア アウトレット」方面行きの南回りと、「グアム プレミア アウトレット」から「マイクロネシアモール」方面行きの北回りがあります。始発は朝9時台から、終発は21時台です。

Point

- ☑ 現地に着いたら時刻表を手に入れると便利
- ☑ ツアーならたいてい乗り放題チケットが付いている
- ☑ ドライバーからその場で1回乗車券が買える
- ☑ 子供は5歳まで無料
- ☑ 公式アプリ「LamLam Bus」が使える！

公式アプリ「LamLam Bus」をダウンロードすれば、スマホで買うe-Ticketで乗車可能。アプリだけのタイムパスも。

Check 南回りか北回りかをチェック。これで乗り間違いを防げます。

間違える人が多いのが、反対向きのバスに乗ってしまうこと。バスの正面に行き先を掲示しているので、方向が合っているか確認してください。特に、ニッコーやヒルトンは、どちら回りのバスも同じバス停に来るので注意が必要です。

バスの乗り方
降車される人が出てきた後、前の扉から乗車。乗り放題チケットを持っているなら、ドライバーに見せればOK。チケットを持っていなければ、バスの中で購入できます。ベビーカーは畳みます。

チケット販売場所
「Tギャラリア」と「GPO」のチケットカウンター、旅行会社のツアーデスクなど。出発前にオプショナルツアーのウェブサイトでも買えます。バスのドライバーから購入できるのは1回乗車券のみ。

注意点
6歳未満は無料で利用できますが、6歳以上は有料。1回乗車券には子供料金の設定がないため、6歳以上でも大人と同じ$4払うことに…。6〜11歳の子供は$13の子供乗り放題券がおすすめ。

「ショッピングモールシャトル」や「Kマートシャトル」も活用

「GPO」、「Kマート」、「マイクロネシアモール」を巡回する「ショッピングモールシャトル」は、3箇所の移動がスムーズに。「Tギャラリア」と「Kマート」を結ぶ路線も便利（P108参照）。恋人岬やチャモロビレッジ、首都ハガニアに行くルートもあります。

時刻表や詳しい情報は**ラムラムグアム**のキーワードで検索

旅行者が使えるバスはもう1種類ある！

H.I.S.が運行する白いバスは「LeaLeaトロリー」

旅行会社H.I.S.のツアーを利用された方が主に使うのがこちらのバス。もちろん、事前にチケットを購入すればツアー利用者以外も乗れます。混同する人が多いのですが、赤いシャトルバスのチケットでは、この「LeaLeaトロリー」には乗れませんし、その逆もしかり。ほかに違うのは、「LeaLeaトロリー」は、ドライバーからその場でチケットの購入ができず、あらかじめチケットを持っている人しか乗れないということです。それぞれ停車する場所が少しずつ異なっているので、自分にはどちらが使いやすいのかを検討してみてください。ちなみに、「LeaLeaトロリー」は乗車券を持っていれば、だれでも車内でWi-Fiを無料で使えるのがうれしい。

おわりに

まずは、この本を手に取ってくださったみなさま、本当にありがとうございます。
この本を通して繋がったご縁をとてもうれしく思います。
さて、『子連れGUAM』いかがでしたでしょうか?
お役に立てる部分があればとてもうれしいです。
私にとって子連れ旅とは、より大きな幸せをもたらしてくれるツールです。
子供との旅行にチャレンジする前は、想像以上に大変だった初めての子育てに追われて、
ママだってちょっとくらい息抜きしたいんだから…という気持ちでいました。
でも、子連れでグアムに行くようになったら、
子供といつも以上にべったりできる旅行ってなんて幸せなんだと思うようになりました。
私の場合は、ふだん保育園や学童保育に頼りきりで平日一緒にゆっくり過ごせるのは
たった数時間。だからその分、旅先でいっぱいベタベタすることで、
親子の絆がより深まっていくように感じられるんです。
子供が手のかかる幼いころは、その大変さが永遠のように感じられて、
自由に出かけられるようになるのって、いったいいつなの?!　と思っていた私。
なのに、息子が小学生になり、夏休みにグアムでサマースクールに挑戦したときは、
日中息子がいなくてひとりきりなのが寂しくて寂しくてたまらなかったほど(笑)。
子供が7歳になった今ならわかります。子供の成長って本当にあっという間。
あと数年したら、「オレはいいから、ひとりで行ってくれば?」
なんて言われるかも…。子供とベタベタできる今のうちに、
もっと子供との旅行を楽しみたい!　だから私は、これからも子連れ旅を続けます。
こんな仲間が増えれば、心からうれしく思います。

この本は、私が出版させていただく初めての著書です。
これまでファッション雑誌のページをつくったり、ファッションブランドの
カタログをつくったり、書籍をつくるお手伝いをさせていただいたり
ということはありましたが、ファッションとはまったく異なるジャンルの本を
まるまる1冊すべて手がけたのはこれが最初になります。
そんな私に、念願の出版の機会をくださり、私の思うように
自由にやらせてくださったワニブックスさんに。
私をサポートしてくださり、お力添えくださった多くの方々に。
心からお礼申し上げます。本当にありがとうございました。

高橋香奈子

INDEX

ア
アイホップ P96
アイランダーテラス P24,104
アウトリガー・グアム・ビーチ・リゾート P18,24,26,39,83,84
赤いシャトルバス P122
アクア P24,104
アトランティス サブマリン P77
アプラ ダイブ マリン P75
アプラ湾 P74,75,77
アルパット島 P18,21,87
アルパン ビーチ クラブ P86
アルフレードズ ステーキハウス P31
アンダーウォーターワールド P79
イパオビーチ P19,22,23,87
イパオビーチパーク P22,80
English Club@Fiesta P84
インフュージョン コーヒー&ティー アッパータモン店 P101
インフュージョン コーヒー&ティー タムニング店 P101,115,116
ウィンチェルズ P103
ウェスティンリゾート・グアム P19,25,26,39,83,84
ABC ストア P92,112,114,115
ESTA P121
S2クラブ P77
エッグスンシングス P96,115
オーシャン ジェット クラブ P77
おにぎりセブン P93
オリーブスパ P83
オンワード ウォーターパーク P21,77,80
オンワード ビーチリゾート P18,21,24,26,27,36
カ
カフェキッチン P25,104
カフェチーノ P101,102,104
カプリチョーザ P97
カリフォルニア ピザ キッチン P97
ガンビーチ P23
キッズイートフリー P104
キッチンアリガトウ P95
キャンプ ハイアット P84
グアム リーフ&オリーブ スパ リゾート P18,24,26,27,39,83,86
グアムアドベンチャーズ P79
グアム プレミア アウトレット P26,68,80,82,94,108,112
グアム プレミア アウトレット フードコート P94
グアム大学 P84
グアム旅行者クリニック P85
グッドマンチーズ P103
K・Dトイズ P114
Kマート P26,93,108,111,114
ケンタッキーフライドチキン P97
恋人岬 P87
GO PLAY P82
コーラル・キッズ クラブ P84
ココスアイランドリゾート P76
ココパーム ガーデンビーチ P69,70,76
サ
ザ クラックド エッグ P96
ザ プラザ P109,112
ザ・ビーチ P79
サンデーブランチ P69,104
SeatGuru P43
JPスーパーストア P109,112
シェラトン・ラグーナ・グアム・リゾート P18,24,26,27,34,36,79,81,104
シェラトン・ラグーナ・グアム・リゾート ベイサイドバーベキュー P79
ジョー・マローン・ロンドン P110
Skyscanner P43
スカイ ゾーン(アガニヤショッピングセンター内) P80
スカイライト P25
スキューバカンパニー P74
ステップwithファッション P111
スパロ P94
セイルズバーベキュー P86
ソイ P99
タ
ターザ ウォーターパーク P77
タウベイフォー P95
タガダグアム アミューズメントパーク P79
タコベル P94
タシグリル P99
チップ P105,120
タモン トレード センター P86
タモンサンズプラザ P108,110

INDEX

タモンシャトル ... P122
チャーリーズ フィリー ステーキ ... P94
チャッキーチーズ ... P69,78
ティーウェイ航空 ... P8,41
Tギャラリア グアム by DFS ... P26,36,109,110
テイスト ... P25,104
ティファニー ... P108,109,110
デュシタニ グアム リゾート ... P18,24,26,27,30,38,83,99
デュシットグルメ ... P103
テラザ カフェ&グリル ... P98
テワランスパ ... P83
トゥインクルズ ... P108,114
東京マート ... P92
トゥッティフルッティ ... P102
トニーローマ ... P100
ドルチェ フルッティ ジェラテリア ... P103

ナ ナヴァサナ・スパ ... P83
ナッツ&グレインズ ... P101
ナナズカフェ ... P86,99
虹 ... P25,92
日本航空 ... P8,40,41

ハ ハーゲンダッツ ... P86,103
パームカフェ ... P24
ハーモニー キッズ ... P84
ハイアット リージェンシー グアム ... P19,25,26,38,84
パイオロジー ... P99
パシフィック アイランド マンギ ポップス ... P102
パシフィック アイランド クラブ グアム ... P19,20,25,27,37,84,87
パシフィック アイランズ クラブ グアム ウォーターパーク ... P20,69,77
ハファロハ ... P102
Balloon Art ... P111
パンダ・エクスプレス ... P93,95
バンタイ ... P98
ビーチンシュリンプ ... P98
ヒルトン グアム リゾート&スパ ... P18,22,24,27,28,37,84
ファンタスティックパーク ... P82
フィエスタ フードコート ... P95
フィエスタリゾート グアム ... P19,25,37,84,86

フィッシュ アイ マリンパーク ... P75,86
プレゴ ... P25,104
プレッツェルメーカー ... P102
プロア ... P100
フロストバイト ... P103
ペイレス スーパーマーケット ... P93,109,115,116,117
弁慶 ... P93
ホテル・ニッコー・グアム ... P19,23,25,26,27,32,39,81
ホテル・ニッコー・グアム サンセットビーチ バーベキュー ... P81
ホノルル コーヒー ... P96,101

マ マイクロネシアモール ... P26,68,80,82,95,109,111,114
マイマート ... P115
マクドナルド ... P97
マゼラン ... P25,104
マタパンビーチ ... P86
メイシーズ ... P109,111,121
メイン ... P24
メスクラドス アッパータモン ... P100
メスクラドス タモン ... P87,100

ヤ ヤミーハウス ... P95
ユナイテッド航空 ... P8,41

ラ ラ・カスカッタ ... P24,104
ライド ザ ダック ... P76
ラベンダースパbyロクシタン ... P83
LamLam アプリ ... P43,122
ランビーズ ... P95
リアルワールドダイビング ... P74
リトルガーデン ... P84
ル・プルミエ ... P24
ルビーチューズデー ... P92,97
レアレア スーパー キッズラウンジ ... P112
LeaLeaトロリー ... P122
ローカルのバス停 ... P87
ロス・ドレス・フォー・レス ... P108,110,113,114,115,121
ロビーラウンジ ファウンテン ... P102,103
ロリポップ ... P82

ワ ワールドカフェ ... P25

127

Profile

高橋香奈子
たかはしかなこ／ファッション雑誌『Oggi』(小学館)、ママ・パパ向けウェブサイト『HugKum』(小学館)やウェブマガジン『mi-mollet』(講談社)を中心に活動するファッションエディター。7歳男の子のママ。子供を産んでから初めてグアムに行き、そのラクチンさ、想像以上の楽しさに魅了され、子連れ旅に目覚める。これまで計12回子連れでグアムへ。最近では子供とモルディブやバリにまで足を延ばせるようになった。親子で一緒に旅を楽しむ記録はインスタグラム@travelwithchildで公開している。

STAFF

構成・文・スナップ写真	高橋香奈子
撮影	羽田 徹 (取材)、坂根綾子 (静物)
デザイン	ma-hgra
イラスト	ミヤギユカリ
コーディネート	Guam TV Productions inc.
キッズモデル	ココ、エマ
撮影協力	グアム政府観光局、Premier Hotel Group、Dusit Hotels & Resorts、キャンドルウィック、徳永千夏 (P61 分)
地図制作	アトリエ・プラン
校正	東京出版サービスセンター
編集	森 摩耶 (ワニブックス)

グアムに関するお問い合わせ先「グアム政府観光局」 www.visitguam.jp

ラクチン・ストレスなし・子供も自分も楽しめるいちばん近い海外リゾート

子連れ GUAM

高橋香奈子 著

2018 年 4 月 30 日　初版発行
2020 年 2 月 10 日　4 版発行

発行者　横内正昭
編集人　青柳有紀
発行所　株式会社ワニブックス
〒 150-8482
東京都渋谷区恵比寿 4-4-9　えびす大黒ビル
電話　03-5449-2711 (代表)
　　　03-5449-2716 (編集部)

ワニブックス HP　http://www.wani.co.jp/
WANI BOOKOUT　http://www.wanibookout.com/

印刷所　凸版印刷株式会社
製本所　ナショナル製本

定価はカバーに表示してあります。

落丁本・乱丁本は小社管理部宛にお送りください。送料は小社負担にてお取替えいたします。ただし、古書店等で購入したものに関してはお取替えできません。
本書の一部、または全部を無断で複写・複製・転載・公衆送信することは法律で認められた範囲を除いて禁じられています。

Ⓒ高橋香奈子 2018
ISBN978-4-8470-9673-0

※本書に掲載している情報は 2018 年 3 月時点のものです。
掲載されている情報は変更になる場合もございます。